世界货币史丛书（第一辑） 石俊志 ◎ 主编

世界古国货币制度比较

石俊志

著

经济管理出版社

图书在版编目（CIP）数据

世界古国货币制度比较/石俊志著.—北京：经济管理出版社，2023.12
ISBN 978-7-5096-9549-4

Ⅰ.①世… Ⅱ.①石… Ⅲ.①古代货币—货币制度—对比研究—世界 Ⅳ.① F821.9

中国国家版本馆 CIP 数据核字（2024）第 021218 号

组稿编辑：王光艳
责任编辑：魏晨红
特约编辑：黄希韦
责任印制：黄章平

出版发行：经济管理出版社
　　　　　（北京市海淀区北蜂窝 8 号中雅大厦 A 座 11 层　100038）
网　　址：www.E-mp.com.cn
电　　话：（010）51915602
印　　刷：北京市海淀区唐家岭福利印刷厂
经　　销：新华书店
开　　本：880mm×1230mm/32
印　　张：9
字　　数：205 千字
版　　次：2024 年 6 月第 1 版　2024 年 6 月第 1 次印刷
书　　号：ISBN 978-7-5096-9549-4
定　　价：68.00 元

·版权所有　翻印必究·
凡购本社图书，如有印装错误，由本社发行部负责调换。
联系地址：北京市海淀区北蜂窝 8 号中雅大厦 11 层
电话：（010）68022974　　邮编：100038

世界货币史丛书
编委会

主　任　石俊志

委　员　（按姓氏音序排列）

丛凤玲　黄希韦　李　军　李逸婧

刘文科　马海敏　孟郁聪　石贺然

似　玉　宋　海　田　圆　王光艳

武宝成　禹钟华　曾晨宇　张黎黎

张玲玉　张雪峰　张怡姮　朱安祥

仲　垣

总　序

理论来源于实践。

货币学理论源于已经发生的千千万万的货币活动实践，而这些货币活动实践被记载在历史文献中，又被出土的相关文物所证实。

人们从浩瀚的历史信息中寻找货币的起源、发展、演变的普遍性规律，从而产生了货币理论。

货币理论不能依赖一个国家、一个时期的货币实践，而是应该从更为广阔的视角来寻找、分析和总结。只有采用全时空的视角，横向全世界，纵向几千年，对货币的发展过程进行全方位的观察和研究，才能发现其中的普遍性规律，得出科学、准确的结论。

关于货币的这种广视角、全方位的研究学科，便是世界货币史。

为了推动世界货币史学科的发展，获得世界各国货币起源、发展、演变的相关知识，我们邀请了一批国内金融学、法学、历史学和外国语的专家学者，经过认真广泛的调查收集，筛选了一批外国货币史著作，并将其翻译成中文，汇编成"外国货币史译丛"出版，介绍给国内读者。

基于"外国货币史译丛"中的史料知识,通过对世界各国货币史的研究,结合世界各国出土的古代货币实物,以及世界各国货币发展、演变的历史背景,我们针对一些古代国家的货币史以及世界货币史的一些专题,开始撰写一批专著,以"世界货币史丛书"的名目陆续出版。

我们相信,"世界货币史丛书"的出版,对于我国货币理论的研究,以及我国关于世界各国历史、政治、经济和文化的研究,有一定的参考价值。

石俊志

2022 年 10 月 28 日

目 录

一　大禹的"石"与俾拉拉马的"帕尔希克图" // 001
　　关石和钧　003
　　货币单位　004
　　帕尔希克图　006

二　秦始皇的"半两"与阿育王的"卡夏帕那" // 009
　　半两铜钱　011
　　卡夏帕那　012
　　两币的异同　014

三　唐朝的"开元通宝"与日本的"和同开珎" // 017
　　开元通宝　019
　　和同开珎　021
　　重量制度　022

四　唐朝的"乾元重宝"与日本的"皇朝十二钱" // 025
　　乾元重宝　027
　　皇朝十二钱　028
　　同途殊归　030

五　大流士的"弥那"与楚平王的"两益" // 033

弥那制度　035

益铢制度　036

制度比较　038

六　古罗马的"安敦尼币"与中国古代的"大钱当两" // 041

安敦尼币　043

大钱当两　044

后世影响　046

七　王莽的"大泉五十"与戴克里先的"阿根图币" // 049

大泉五十　051

阿根图币　052

全面改革　054

八　吕底亚王国的"纯银币"与波斯帝国的"西格罗斯" // 057

纯银钱币　059

西格罗斯　061

传统遗风　062

九　隋炀帝的"五铢白钱"与村上天皇的"乾元大宝" // 065

五铢白钱　067

日本铜钱　069

乾元大宝　070

十　罗马帝国的"银币"与拜占庭帝国的"金币" // 073

狄纳里银币　075

索利多金币　076

汉五铢铜钱　078

目录

十一 中国古代的"益"与西方古代的"弥那" // 081
益两制度　083
弥那制度　085
德拉克马　086

十二 村上天皇的"公卿论奏"与魏文帝的"谷帛为市" // 089
公卿论奏　091
谷帛为市　092
基辅罗斯　094

十三 阿纳斯塔修斯的"努姆斯"与唐肃宗的"开元通宝" // 097
努姆斯币　099
开元通宝　101
两币比较　103

十四 倭马亚王朝的"狄尔汗"与加洛林王朝的"便士" // 105
狄尔汗银币　107
加洛林便士　109
重归罗马制　110

十五 古罗马的"狄纳里"与贵霜王朝的"第纳尔" // 113
罗马狄纳里　115
贵霜第纳尔　117
金银的比价　119

十六 亚历山大的"金银比价"与君士坦丁的"金银比价" // 121
钱币金银比价　123
亚历山大改制　124
君士坦丁改制　126

十七　倭马亚王朝的"米思考"与马其顿王国的"德拉克马" // 129

米思考　131

狄尔汗　132

第纳尔　134

十八　加洛林王朝的"磅"与基辅罗斯公国的"格里夫纳" // 137

加洛林磅　139

查理曼磅　140

格里夫纳　142

十九　村上天皇的"乹元大宝"与亨利八世的"泰斯通" // 145

乹元大宝　147

泰斯通币　149

收购劣币　150

二十　楚庄王的"巽字铜贝"与淳仁天皇的"万年通宝"　153

以小为大　155

以一当十　157

成败分析　158

二十一　拜占庭帝国的"西力克"与阿拉伯帝国的"米思考" // 161

西力克　163

米思考　164

叙利亚　166

二十二　沙希王朝的"吉塔尔"与马其顿王国的"德拉克马" // 169

沙希王朝　171

吉塔尔币　172

德拉克马　173

目 录

二十三 德里苏丹国的"坦卡"与吕底亚王国的"斯塔特" // 177
　　德里苏丹　179
　　坦卡钱币　180
　　斯塔特币　183

二十四 萨珊王朝的"迪拉姆"与阿拉伯帝国的"狄尔汗" // 185
　　迪拉姆币　187
　　狄尔汗币　188
　　迪拉姆币与狄尔汗币的接轨　189

二十五 舜的"同律度量衡"与萨尔贡的"统一度量衡" // 193
　　有虞氏帝舜　195
　　萨尔贡国王　196
　　同律度量衡　198

二十六 两河流域的"弥那"与拉丁平原的"阿斯" // 201
　　弥那单位　203
　　阿斯单位　204
　　"弥那"与"阿斯"的关系　206

二十七 古罗马的"银铜固定比价"与中国古代的"金铜浮动比价" // 209
　　战云蔽日　211
　　固定比价　212
　　浮动比价　214

二十八 中国唐朝的"钱荒"与欧洲中世纪的"金银荒" // 217
　　唐朝的"钱荒"　219
　　欧洲中世纪的"金银荒"　220
　　造币的成本　222

005

二十九　佛罗伦萨的"弗罗林"与威尼斯的"杜卡特" // 225

　　弗罗林金币　227
　　格罗索银币　229
　　杜卡特金币　230

三十　法国的"埃居金币"与德国的"古尔登金币" // 233

　　金币复兴　235
　　法国金币　236
　　德国金币　238

附录 // 241

　　附录一　阿卜杜勒·麦利克创建的阿拉伯货币制度　243
　　附录二　萨珊王朝的迪拉姆银币　248
　　附录三　石俊志货币史著述及主编译丛书目　254

参考文献 // 269

一

大禹的"石"与俾拉拉马的"帕尔希克图"

大禹的衡量单位"石"被制造成标准量器，藏在王府之中，以便随时提供给各地方比照。埃什嫩那王朝俾拉拉马国王的衡量单位"帕尔希克图"被写进法典，记录在楔形文字的泥板上。夏朝是我国历史上第一个世袭制王朝，建立于公元前2070年，埃什嫩那王朝建立于公元前2025年。当时世界各地的商品经济已经兴起，商品交换媒介采用粮食称量货币。在中国夏朝，粮食称量的基本单位是"石"，重量为30360克；在埃什嫩那王朝，粮食称量的基本单位是"帕尔希克图"，重量为33600克。夏朝与埃什嫩那王朝的距离遥远，且两国之间交通不便，而两个王朝几乎同时建立，法定称量单位的标准重量也十分相似。

一 大禹的"石"与俾拉拉马的"帕尔希克图"

关石和钧

夏朝向百姓征收租税，法定的标准量器藏在王宫里。

夏代的粮食有小麦、粟、黍、豆、高粱、水稻等，主要称量单位是"石"，还有等于 1/4 石的称量单位"钧"。但是，迄今为止，还没有夏代的量器出土。我们可以作为依据的，只是《夏书·五子之歌》中关于夏代量器的记载。

其四曰："明明我祖，万邦之君。有典有则，贻厥子孙。关石和钧，王府则有。荒坠厥绪，覆宗绝祀。"

第四首歌写道："我们圣明的爷爷大禹，是天下各邦的君主。他有治国的典章法度，遗留给他的后世子孙。征粮用的称量标准量器，平时藏在王府。你荒废祖制丢了他的事业，使宗族覆灭、祭祀断绝。"

大禹的孙子太康继承启的王位之后，沉溺声色，不修政事。太康到洛水南岸打猎，有穷氏首领叛乱，掌握了夏朝的政权，在洛水北岸阻止太康返国。太康的 5 个弟弟在洛水转弯注入黄河的地方等待太康，写了 5 首诗歌责备太康，上文所述是第四首。

由此可见，夏朝已经有了"石"和等于 1/4 石的"钧"作为法定的称量单位。"关石和钧"指的是征税用的称量单位"石"以及收租用的称量单位"钧"。三国时期，东吴太史令韦昭注：

夏书，逸书也。关，门关之征也。石，今之斛也。言征赋调钧，则王之府藏常有也。

夏书是古代侥幸存世的书。关是指关隘征税。石便是当今容器斛。歌中所言，说的是法定标准量器置于王府，常可比照。

我们不知道夏代"石"和"钧"的确切重量。但是，我们知道战国时期1石等于120斤，折合现代30360克；1钧等于30斤，折合现代7590克；1斤折合现代253克。

货币单位

中国夏朝的称量货币单位是"石"和"钧"，同时埃什嫩那王朝的称量货币单位是"古尔""帕尔希克图""苏图""卡"。据考证，1帕尔希克图的重量折合现代33600克。5帕尔希克图等于1古尔；1帕尔希克图等于6苏图，或者60卡。

埃什嫩那王朝位于两河流域巴比伦城东北方的迪亚拉河谷，这个地区是四通八达的商业要道，经济比较发达。公元前2025年，埃什嫩那王朝脱离乌尔第三王朝独立。《俾拉拉马法典》成文于公元前20世纪上半叶，此时，该国的大麦称量货币与白银称量货币并行流通。白银称量单位有"弥那""舍客勒""色"。1弥那为500克，等于60舍客勒；1舍客勒为8.33克，等于180色；1色为0.0463克，是1颗大麦的重量。

《俾拉拉马法典》已被考古发现，且这部法典比《汉穆拉比法典》大约早200年。但是，它是一部残缺不全的法典，残留条文只有59条。在这59条条文中，涉及称量货币单位的地方有80

一 大禹的"石"与俾拉拉马的"帕尔希克图"

处,涉及大麦称量货币单位的地方有 30 处,涉及白银称量货币单位的地方有 50 处。

大麦称量货币单位原本是容量,而不是重量。根据林志纯先生的考证,两河流域的容量单位"卡",折合现代 0.4 升,用来盛装大麦的重量折合现代 560 克。根据这个考证,以及《俾拉拉马法典》关于大麦称量货币与白银称量货币价值的比率,即 1 古尔大麦等于 1 舍客勒白银,我们可以推算出表 1。

表1 大麦称量货币与白银称量货币价值的比率

大麦称量货币单位	折合现代重量(克)	折合白银货币价值
卡	560	0.6 色
苏图	5600	6 色
帕尔希克图	33600	36 色
古尔	168000	1 舍客勒
白银称量货币单位	折合现代重量(克)	折合大麦货币价值
色	0.0463	1.67 卡
乌得图	0.14	5 卡
舍客勒	8.33	1 古尔
弥那	500	60 古尔

中国夏朝的称量单位"石"与埃什嫩那王朝的称量单位"帕尔希克图"重量相似。可能是因为东西方古人最早称量粮食都是用手来捧。1 捧粮食的最大重量大约是 250 克,这是中国战国时期 1 斤的重量,也是埃什嫩那王朝半弥那的重量。中国战国时期 120 捧粮食为 1 石。埃什嫩那王朝 120 捧粮食为 1 他连得,即 60 弥那,其容量则是 1 帕尔希克图。根据现有的考证,1 帕尔希克

图粮食的重量是 33600 克，与 1 他连得的重量 30000 克之间存在着较小的差距。这个差距，是采用同一容量来称量不同物品而产生的。

帕尔希克图

在埃什嫩那王朝《俾拉拉马法典》中，帕尔希克图作为大麦称量货币单位被使用的条文举例如下：

《俾拉拉马法典》第 3 条规定：

有牛及御者之车，其租用之费为大麦一帕尔希克图四苏图；如以银计，则其租用之费为三分之一舍客勒，他可以用车终日。

租用牛车及车夫的日租金是 1 帕尔希克图 4 苏图（10 苏图）。若不支付大麦而支付白银，则为 1/3 舍客勒白银。从这里可以看出，当时大麦称量货币的使用在法律规定中是优先于白银的。法律规定首先以大麦称量货币确定价格，牛车日租金是 1 帕尔希克图 4 苏图。若不支付大麦而支付白银，则是 1/3 舍客勒。在这里，按照 1 古尔大麦等于 1 舍客勒白银的法定比率，大麦租金价格与白银租金价格在价值上是相等的。

《俾拉拉马法典》第 4 条规定：

船之租用之费，以每一古尔容积计，为二卡，而船夫雇用之费为……帕尔希克图四苏图，他可以用船终日。

租用船只的租金，首先考虑运输量，1 古尔货物要支付 2 卡大麦的运费。1 古尔等于 300 卡，运费与货物相比，费率是 1/150，即 0.66%。雇用船夫的费用另外支付。因该条文残缺，我们不能确定其数额。但是，从上下文字估计，雇用船夫的费用与牛车的租金一样，日租金也是 1 帕尔希克图 4 苏图。

《俾拉拉马法典》第 18 条规定：

倘彼取她为妻，她已入居其夫之家，而不久此新妇死亡，则他【岳父？】不仅可以取回她所带往之财物，且可以取回更多财物；每一舍客勒的银，他可以加取六分之一【舍客勒】又六色；每一古尔大麦，他可以加取利息一帕尔希克图四苏图。

新娘没有生儿子就死亡，她从娘家带来的财物应归父族所有。父族不仅可以取回新娘带到丈夫家的财物，还可以取回更多的财务；利率是 1 舍客勒白银生息 1/6 舍客勒又 6 色，也就是 180 色白银生息 36 色，利率是 20%。但是，如果她的财物以大麦称量货币支付本息，1 古尔大麦生息 1 帕尔希克图 4 苏图，也就是 30 苏图大麦生息 10 苏图，利率是 33%。

为什么采用白银收取财物本息的利率是 20%，而采用大麦收取财物本息的利率是 33%？分析其原因，当时债权人收取大麦本息，要兑换成白银储藏，大麦兑换成白银的成本是 13%。债权人收取 33% 大麦利息，扣除 13% 兑换成本，实际获得的利息也是 20%。所以，对于债权人而言，收取白银本息和收取大麦本息的结果是一样的。

二

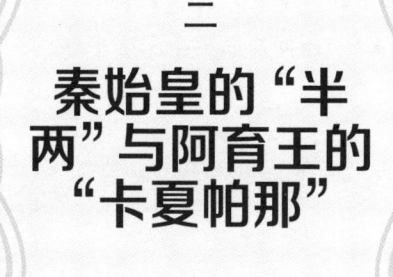

秦始皇的"半两"与阿育王的"卡夏帕那"

秦始皇与阿育王是同时代的人。秦始皇统一了中国，建立了中国第一个全国统一、中央集权、君主专制的国家；阿育王统一了印度，建立了印度第一个全国统一、中央集权、君主专制的国家。秦始皇将秦国的版图扩大到整个中国，于是，秦国的钱币——"半两"铜钱便流向整个中国；阿育王将孔雀王朝的版图扩大到整个印度半岛，于是，孔雀王朝的钱币——"卡夏帕那"（KARSHAPANA）银币便流向整个印度半岛。

二 秦始皇的"半两"与阿育王的"卡夏帕那"

半两铜钱

半两铜钱并不是秦始皇发明创造的,而是战国时期秦国使用百年的钱币。半两铜钱是秦始皇的高祖父秦惠文王于公元前336年最先开始铸造的。秦惠文王是秦孝公的儿子。秦孝公起用商鞅变法,秦国逐步富强。秦惠文王继位后,杀了商鞅,自立为王,并且采用国家垄断方式开始铸造半两铜钱。

秦惠文王的儿子是个大力士,史称秦武王,做过三年秦王,在一次比赛举重时被自己举起的铜鼎砸死了。秦武王的弟弟继位秦王,是为秦昭襄王。秦昭襄王把自己的一个孙子送到赵国作人质,这个孙子便是秦始皇的父亲"异人"。

异人在赵国结识了吕不韦。吕不韦决心投资异人作秦王,并把赵国的美女送给异人,生了嬴政。不知是吕不韦运作出色,还是吕不韦运气不错,秦昭襄王去世了。异人的父亲作了三天秦王,被毒死了。异人作了三年秦王,也去世了。于是,异人的儿子嬴政继位秦王,便是秦始皇。

战国时期的秦国铸造和使用半两铜钱。公元前221年,秦始皇消灭了各诸侯国,统一了天下,就废除了各诸侯国的货币,将秦国的半两铜钱推广到全国使用。

半两铜钱圆形方孔,由青铜铸造,正面币文为"半两",背面是光面,理论重量为7.9063克。

半两原本是重量单位，即 12 铢。战国时期秦国的 1 斤折合现代 253 克，等于 16 两；1 两重量为 15.8125 克，等于 24 铢；1 铢重量为 0.6588 克。因此，秦国半两的理论重量是 7.9063 克。然而，秦国朝廷并没有持续按照这个重量标准制造半两钱。实际上，战国时期秦国的半两钱大小不等，轻重差距悬殊，被后人称为秦半两的大小钱之谜。

卡夏帕那

早在古印度哈拉巴文明时期（公元前 2500 年至公元前 1750 年），印度河流域就产生了重量单位"苏瓦纳"，标准为 13.705 克。按照 1/4 苏瓦纳重量标准制造的钱币"卡夏帕那"，理论重量为 3.426 克。

金属称量货币的长期演变，在古印度产生了本土的金属数量货币——钱币。古印度早期的钱币是卡夏帕那，另外还有萨塔马纳。古印度金属称量货币向金属数量货币的转化，发生在公元前 6 世纪初，即由吠陀时代进入列国时代之际。

列国时代的长期战争，使古印度从繁荣走向衰败。于是，外族侵略者进入印度，先是波斯人的入侵，后是希腊人的入侵，古印度人遭受着一次又一次的大规模屠戮。公元前 325 年夏天，印度暴发了瘟疫。亚历山大的士兵再也不能忍受瘟疫的侵袭，亚历山大下令班师回朝，结束了在印度的杀戮。

公元前 324 年，旃陀罗笈多趁亚历山大撤军，印度政治出现真空之际，率军攻打难陀王朝的都城——华氏城。他取得了军事上的胜利，建立了孔雀王朝。旃陀罗笈多成为国王，继续沿用列

二 秦始皇的"半两"与阿育王的"卡夏帕那"

国时代的钱币——卡夏帕那。

公元前297年,旃陀罗笈多按照耆那教习俗绝食而死,他的儿子宾头沙罗继位(公元前297年至公元前272年在位)。宾头沙罗与邻国保持友好关系,对内加强建设,扩充实力。

阿育王是宾头沙罗的儿子,18岁就被派驻阿般提省作总督。当宾头沙罗去世时,阿育王回朝争夺王位。阿育王对印度东南的羯陵伽王国进行了大规模的征战和屠杀,将自己的统治扩大到了整个印度半岛。

战后,阿育王皈依佛教,在全国各地兴建庙宇,共建立了84000座奉祀佛骨的舍利塔,并邀请著名高僧目犍连子帝须长老召集1000比丘在华氏城举行了佛教史上的第三次大集结。

阿育王时代的钱币与他的父亲、祖父时代的钱币一样,是卡夏帕那。卡夏帕那由白银打制而成,有圆形的,也有四边不规则方形的,理论重量为3.426克。奇怪的是,孔雀王朝卡夏帕那银币的实际重量高于理论重量。

旃陀罗笈多1卡夏帕那银币,公元前321年至公元前297年在华氏城造币厂生产,重量为3.6克,圆形,正面有5个印记,背面有模糊痕迹,如图2-1所示。

图2-1 旃陀罗笈多1卡夏帕那银币

宾头沙罗 1 卡夏帕那银币，公元前 297 年至公元前 272 年在华氏城造币厂生产，重量为 3.6 克，四边不规则方形，正面有 5 个印记，背面有模糊痕迹，如图 2-2 所示。

图 2-2　宾头沙罗 1 卡夏帕那银币

阿育王 1 卡夏帕那银币，公元前 272 年至公元前 232 年在华氏城造币厂生产，重量为 3.6 克，四边不规则方形，正面有 5 个印记，其中糖葫芦串式印记被认为是阿育王的君王符，背面是君王符，如图 2-3 所示。

图 2-3　阿育王 1 卡夏帕那银币

两币的异同

中国秦朝的半两铜钱与印度孔雀王朝的卡夏帕那银币两种钱币出于相近的时代，并且都是全国统一流通的钱币。不同的是，中国秦朝的半两铜钱自始就采用国家垄断铸造的方式，有明显的

二 秦始皇的"半两"与阿育王的"卡夏帕那"

信用化趋势,其青铜含量迅速降低;印度孔雀王朝的卡夏帕那银币则采用了民间自由制造的方式,其白银含量保持长期不变。

半两铜钱是秦国政府垄断铸造的青铜铸币。秦国始铸半两铜钱之后,很快就采取了减重铸造的措施,以便节约铜材,获取更多的铸币税。公元前336年,秦惠文王始铸半两铜钱,其重量足重12铢。此后,秦国铸造减重半两铜钱,与足重半两铜钱混杂在一起,等价流通。四川省青川县郝家坪50号战国秦墓发掘出土半两铜钱7枚,考定为秦昭襄王元年(公元前306年)的墓葬。这批半两钱的大小厚薄枚枚不同,最轻的为2.1克(3.2铢),最重的为9.5克(14.4铢),含金属量差距达到4.5倍。这说明,秦惠文王始铸半两铜钱之后仅30年,半两铜钱就出现了严重的减重。此时,轻重、大小悬殊的半两铜钱混合流通的局面就已经开始。

近一个世纪以来,考古发现窖藏或者墓葬中整批出土半两铜钱的次数甚多,各批半两铜钱都呈大小钱混在一起的现象。同批半两钱大小差距多在3倍以上,未见有同批重量相近的半两铜钱出土。总体来看,半两铜钱平均重量呈逐年下降趋势,从公元前336年的12铢降到秦始皇统一中国时的8铢左右。

半两铜钱是由秦国朝廷垄断铸造的,可以用作纳税,百姓当然无权拒绝接受朝廷铸造的不足值小钱。此外,维持半两铜钱重量持续下降的力量是秦国的严刑峻法。秦国的《金布律》第一条规定:

钱善不善,杂实之。……百姓市用钱,美恶杂之,勿敢异。

半两铜钱质量好的和不好的,要装在一起。……百姓在使用半两钱交易商品时，钱币质量好坏，要一起通用，不准在好坏钱币之间进行选择。

有了这样的法律，百姓当然不敢以身试法，人们将朝廷铸造的大钱和小钱混在一起使用，就出现了窖藏和墓葬中同批半两铜钱大小钱混在一起的现象。所以，中国秦朝的半两铜钱依靠朝廷信用和法律强制进入流通，行使价值尺度和流通手段的货币职能。

与中国秦朝半两铜钱相比较，古印度孔雀王朝的钱币卡夏帕那银币的白银含量相当稳定。自公元前321年旃陀罗笈多时代，经历了宾头沙罗时代，到了阿育王统治末期的公元前232年，总计89年，我们看到出土的卡夏帕那银币的重量一直保持在3.6克的足值状态。这说明，孔雀王朝并未实行铸币权的政府垄断，朝廷和民间都可以制造卡夏帕那银币。在自由铸造的条件下，卡夏帕那银币并不具备减重能力。

可以推断，古印度当时的卡夏帕那银币不是依靠朝廷信用和法律强制进入流通，而是依靠本身白银币材价值行使价值尺度和流通手段的货币职能。

三

唐朝的"开元通宝"与日本的"和同开珎"

公元 708 年，日本元明天皇收到武藏国献上的自然铜，便将朝廷年号"庆云"改为"和铜"，并设置催铸钱司，开始按照中国唐朝"开元通宝"的形制铸造日本历史上第一种官方发行的钱币——"和同开珎"。此时的中国，唐中宗李显已经通过政变颠覆了他的母亲武则天统治的武周王朝，重登皇帝宝座，并且开始恢复唐朝的各种制度。

三 唐朝的"开元通宝"与日本的"和同开珎"

开元通宝

公元621年，唐高祖李渊始铸"开元通宝"，结束了西汉武帝以来五铢钱长期流通的局面。李渊创建的开元通宝法定形制：径八分，重二铢四絫，积十文重一两，一千文重六斤四两。[①]

1枚开元通宝，可以称作"1文"，10文开元通宝重量为1两，1000文的重量就是100两。16两等于1斤，100两就是6斤4两。秦汉以来的重量制度，1两等于24铢。1枚"开元通宝"的法定重量为2铢4絫，即1/10两。这里所说的2铢4絫，是指北朝鲜卑制度的2铢4絫，而非南朝汉人制度的2铢4絫。唐朝继承北朝鲜卑制度，由于北朝重量标准的快速上升，所以唐朝初期的重量标准比北朝晚期的重量标准更重一些。北朝晚期1斤的重量为600克；唐朝初期1斤的重量为667克。

唐朝1斤为667克，1两为41.69克，1铢为1.7370克。铢以下还有一个单位——絫，即1/10铢，重量为0.1737克。

唐朝1两为41.69克，即24铢。1枚开元通宝的法定重量为2铢4絫，即1/10两，折合现代4.169克。

开元通宝的铸行，影响了中国的重量单位。唐朝以前的重量

---

① （后晋）刘昫：《旧唐书》卷四八《食货上》，中华书局1975年版，第2094页。

单位是斤、两、铢、絫。1斤为16两，1两为24铢，1铢为10絫。开元通宝钱制规定，10钱为1两。此后，"钱"逐步被人们接受为重量单位，代表1/10两，或者是北朝鲜卑制度的2铢4絫。

唐朝的重量单位有大小制之分，大制每斤折合现代667克，小制每斤折合现代222克。唐朝重量的大制，继承了北朝鲜卑制度的重量单位标准；唐朝重量的小制，继承了南朝汉人制度的重量单位标准。中医文化流于南朝，医药处方散于民间，难以修改，所以，唐朝医药用称，继续采用小制。《通典》云：

> 调钟律，测晷景，合汤药及冠冕制，用小升、小两，自余公私用大升、大两。[1]

虽然唐朝明文规定医药称重时要用小制，但实际上是大小制并用，或者逐渐用大制替代了小制。

"钱"成为重量单位是由唐朝初期颁布钱币法令而形成的。但是，唐朝颁布钱币法令只不过是规定了开元通宝的法定重量，开元通宝的实际重量在不同时期铸造时各有差异。因此，"钱"作为重量单位被广泛使用并不是法律规定的，而是民间的约定俗成。唐代法律规定的重量单位，依旧是"斤""两""铢"制度。《唐六典》云：

> 凡权衡以秬黍中者百黍之重为铢，二十四铢为两，三两为大两，十六两为斤。[2]

---

[1] （唐）杜佑：《通典》卷六《食货六》，中华书局1988年版，第108页。
[2] （唐）李林甫等：《唐六典》卷三《尚书户部》，中华书局1992年版，第81页。

三 唐朝的"开元通宝"与日本的"和同开珎"

尽管如此,"钱"作为重量单位在唐朝还是被民间广泛地接受了,近代出土的唐朝许多金银器物上铭文有"若干两""若干钱"的字样。

另外,开元通宝并非年号钱,此时朝廷的年号是武德,而不是开元。

和同开珎

公元 708 年,就在唐高祖李渊始铸"开元通宝"的 87 年后,日本按照"开元通宝"的形制铸造了日本历史上第一种官方发行的钱币——"和同开珎"。

唐朝创建初始,日本便继续以遣隋使的方式,展开了遣唐使活动,即派遣使团来中国学习典章制度和先进文化。公元 8 世纪初,日本遣唐使活动达到兴盛。学习了唐朝的货币制度后,日本开始按照"开元通宝"的形制铸行了本国自己的钱币。

除了学习唐朝的货币制度,日本官方铸行"和同开珎"的另一个诱因是武藏国(今东京都、埼玉县、神奈川县一带)向天皇进献自然铜。在此之前,日本的铜金属是从境外输入的。日本有了自己的铜金属,元明天皇大喜,将当时朝廷的年号"庆云五年"改为"和铜元年"。"和"是日本,"和铜"是指日本自己的铜金属。就在这一年,日本朝廷设置催铸钱司,开始铸行"和同开珎"铜钱。和同开珎的法定形制:直径八分、重量一匁(mangmi)。

这里所说的直径八分,与开元通宝的直径八分是一样的,都是近代的 24 毫米。这里所说的重量 1 匁,与开元通宝的重量 1 钱也是一样的。近代日本学者对和同开珎进行实物测量,确定其为日本近代重量的1.2匁（日本近代1匁的重量为3.75克），即4.50克。近代中国学者对唐高祖李渊武德年间铸造的"开元通宝"进行实物测量，确定其为中国近代重量的0.09两，也是4.50克。[①] 这说明，日本铸行的"和同开珎"，无论是直径还是重量，都与开元通宝保持了一致。

至于钱币上的文字"和同开珎"，日本学者狩谷棭斋认为："同"应该是"铜"字的省文，"珎"应该是"宝"字的省文，故"和同开珎"应读为"和铜开宝"。日本明治时期的古钱币专家成岛柳北赞成狩谷棭斋的观点，并得到了当时一些古钱币专家的认同。按照这种观点，"和同开珎"属于年号钱一类，钱币文字的意思是："和铜年间开始流通的宝货。"

当然，也有人反对这个观点，认为"和同开珎"应该读作"和同开珍"。

重量制度

日本的重量制度是按照中国唐朝的重量制度制定的，其重量单位为贯、斤、两、钱（匁）、分、氂（厘）、毫（毛）。1贯等于100两（6斤4两），1斤等于16两，1两等于10钱，1钱等于10分，1分等于10氂，1氂等于10毫。近代日本1毫为3.75公制毫克。

日本奈良年间（公元710~794年）始铸"和同开珎"，法定重量为1匁，实测重量为4.50克。这情形与后世1匁的重量（3.75克）不符。

[①] 昭明、马利清：《古代货币》，中国书店1999年版，第161页。

三　唐朝的"开元通宝"与日本的"和同开珎"

在中国，"匁"是"两"字的简写，不是重量单位。在日本，"匁"是重量单位，其含义和使用都与中国古代的重量单位"钱"字相同。

日本的"匁"，即是中国的"钱"。日本的"匁"的近代重量标准是 3.75 克，而古代却不一定是这个重量。文献记载，日本奈良年间最初铸行的"和同开珎"重量为 1 匁，而近代日本学者对"和同开珎"实物进行测量后发现，其实际重量是近代"匁"的 1.2 倍。这说明，日本近代"匁"的重量与古代"匁"的重量可能已经发生了变化。中国唐朝初期重量单位"钱"的重量标准是 4.169 克，而李渊始铸"开元通宝"的实际重量却是 4.50 克。为什么会出现这个差距？笔者认为有两个可能：一是李渊时期"钱"的重量标准不是 4.169 克，而是 4.5 克，后来发生了逐步的下降；二是李渊始铸"开元通宝"，重量超过了法定标准。始铸一种钱币，其重量超过法定重量标准的现象，在货币史中常有发生。所以，李渊铸行超过法定重量标准的"开元通宝"，也是有可能的。无论如何，日本朝廷按照开元通宝的形制铸行"和同开珎"，事实上完全采用了"开元通宝"的直径标准和重量标准。

中国唐朝的"两"与当时日本的"两"，两者的下面都有分量，不仅有代表 1/10 两的"钱"和"匁"，而且还有一个代表 1/4 两的中间单位——"分"。

"分"原本是 1/2 的意思。合二为一，谓之"两"；一分为二，谓之"分"。所以，1 两等于 4 分。

这一点，可以从出土铭文重量的金银器物上看出。出土的唐朝金银器物，有铸铭重量单位文字者，多为"两""分""钱"等。

"分"的数量，有 1 分、2 分、3 分，未见有 4 分及 4 分以上者。这说明，唐朝的"分"仍然是 1/4 两，而不是后世的 1/10"钱"。

日本奈良年间，采用了唐朝的制度，1 两等于 4 分，或者等于 24 铢，重量为 10 匁。到了镰仓时代后期至室町时代前期（公元 14 世纪前后），日本的金银货币化趋势明显，"两"从重量转为价格单位，黄金 1 两的重量从 10 匁降至 4 匁 5 分（此时的"分"已经是 1/10 匁）。元龟、天正时期（公元 16 世纪），黄金 1 两的重量又降至 4 匁 4 分。到了这个时候，1 两等于 24 铢的制度，变成了 1 两等于 16 铢的制度。

在武田信宏（公元 16 世纪）制定的币制里，黄金 1 两等于 4 分，重量 4 匁，1 分等于 4 铢，1 两等于 16 铢；1 铢等于 2 铢中，或者等于 4 丝目，或者等于 8 小丝目，或者等于 16 小丝目中。

此后，黄金货币的单位从"两"转变为以"分"为主，如"一分金""二分金"等。

四

唐朝的"乾元重宝"与日本的"皇朝十二钱"

公元 758 年，唐朝组织军队围剿安史叛军[①]，铸钱使第五琦奏请朝廷铸行"乾元重宝"，以一当十，收敛百姓财富用于战争。此时，日本正值学习唐朝典章制度最为兴盛时期，很快也发行了以一当十的钱币。此后，日本经历了 200 多年各种虚币铸行流通的过程，终于将自己的货币经济彻底搞垮，从此进入长达 600 年的无铸币时代。

---

① 安史叛军：安禄山、史思明的军队。

四 唐朝的"乾元重宝"与日本的"皇朝十二钱"

乾元重宝

公元755年（唐玄宗天宝十四年），安禄山以诛杀奸臣杨国忠为名，在范阳起兵南下，与唐朝军队展开了持续8年的战争。

连年不断的战争，耗费了朝廷和百姓大量的财富。各地节度使乘机扩大地方军事割据力量，藩镇与朝廷对峙的局面逐步形成。

百姓穷苦，流离失所，卖儿卖女。朝廷穷苦，打仗缺钱，就要想办法从百姓手里掠取钱财。战争期间，税收困难，朝廷从百姓手里掠取钱财最有效的办法，就是铸行虚币大钱。

公元758年（唐肃宗乾元元年），正值朝廷组织军队围剿安史叛军之时，铸钱使第五琦奏请朝廷铸行"乾元重宝"。

肃宗乾元元年，经费不给，铸钱使第五琦铸"乾元重宝"钱，径一寸，每缗重十斤，与开元通宝参用，以一当十。[①]

在直径和重量两个方面，乾元重宝比流通中的开元通宝都要大一些。乾元重宝法定直径一寸，每千枚重十斤。我们知道，"开元通宝"的法定直径为八分，每千枚重六斤四两。"乾元重宝"的直径比开元通宝大25%，重量比"开元通宝"重60%。但是，

[①] （宋）欧阳修、宋祁：《新唐书》卷五四《食货四》，中华书局1975年版，第1386页。

1枚"乾元重宝"法定兑换10枚"开元通宝",朝廷用10斤铜就可以从百姓手里兑换64斤铜。所以,铸行"乾元重宝"是朝廷发财的捷径,是朝廷为了支持战争而从百姓手里掠取钱财的有效措施。

"乾元重宝"的铸行,达到了朝廷预期的效果。不久,第五琦出任宰相。公元759年(唐肃宗乾元二年),第五琦下令铸行一当五十的重轮乾元钱,以扩大胜利成果,结果引发了严重的通货膨胀,每斗米的价格涨到7000钱。至此,百姓平生积蓄的开元通宝瞬间缩水,损失约96%。市场上的粮食物资,被官兵用大钱洗劫一空。许多百姓饿死,尸体布满道路。为了活下去,许多百姓盗铸虚币大钱。

法既屡易,物价腾踊,斗米钱至七千,饿死者满道。

初有"虚钱",京师人人私铸,并小钱,坏钟、像,犯禁者愈众。郑叔清为京兆尹,数月榜死者八百余人。[①]

第五琦搞乱了币制,当年就丢掉了宰相的职务,被贬到忠州作长史。然而,第五琦没有能够走到忠州,半路被朝廷派员截住,将他发配到夷州去了。

皇朝十二钱

公元710年,日本天皇迁都平城京(今奈良),开始了日本第一次文化全面兴盛的"奈良时代"。奈良年间(公元710~794年),日本朝廷发行了三种铜钱:

[①] (宋)欧阳修、宋祁:《新唐书》卷五四《食货四》,中华书局1975年版,第1387页。

四　唐朝的"乾元重宝"与日本的"皇朝十二钱"

（1）公元708年，元明天皇时期，在迁都奈良之前，日本朝廷仿照唐朝"开元通宝"的形制，铸行"和同开珎"，重量为4.50克。

（2）公元760年，淳仁天皇时期，日本朝廷仿照唐朝公元758年铸行的"乾元重宝"，铸行"万年通宝"，重量为4.50克。1枚"万年通宝"法定兑换10枚旧钱，日本朝廷以此收敛百姓财富。

（3）公元765年，称德天皇时期，始铸"万年通宝"5年后，日本朝廷再铸新钱。新钱铭文"神功开宝"，重量为5.63克，与"万年通宝"等价并行流通。"神功开宝"是奈良时代发行的最后一种铜钱。

公元794年，日本桓武天皇将首都从奈良迁至平安京（现在的京都），开始了平安时代。平安时代是日本天皇政府实施权力的顶峰。公元1192年，源赖朝建立镰仓幕府，取得了国家权力，天皇政府便成为傀儡。平安时代上半叶（公元794~958年），日本朝廷发行了九种铜钱。

（1）公元796年，桓武天皇时期，日本朝廷又铸新钱。新钱铭文"隆平永宝"，重量为3.38克。1枚"隆平永宝"法定兑换10枚旧钱，与旧钱并行流通。朝廷法令还规定4年后废止旧钱。日本朝廷铸造隆平永宝的理由是市场上私铸铜钱过多，质量低下，需要朝廷铸行新钱收兑市场上的劣质旧钱。

（2）公元818年，嵯峨天皇时期，日本朝廷铸行"富寿神宝"，重量为3.00克。相比旧钱，富寿神宝含铜比例下降、含铅比例上升。

（3）公元835年，仁明天皇时期，日本朝廷铸行"承和昌宝"，重量为2.63克。相比旧钱，"承和昌宝"的直径和重量继续下降，含铅比例进一步上升。然而，1枚"承和昌宝"法定兑换10枚旧钱。

（4）公元848年，仁明天皇改年号"承和"为"嘉祥"，并以更改年号为由，铸行"长年大宝"，重量为1.88克。1枚"长年大宝"法定兑换10枚旧钱。

（5）公元859年，清和天皇时期，日本朝廷铸行"饶益神宝"，重量为1.88克。1枚"饶益神宝"法定兑换10枚旧钱。日本朝廷下令严禁百姓在良劣钱币之间进行选择。

（6）公元870年，清和天皇时期，日本朝廷铸行"贞观永宝"，重量为2.25克，其含铜量已经只有50%。尽管新钱比旧钱质量更差，日本朝廷仍然下令1枚"贞观永宝"法定兑换10枚旧钱。

（7）公元890年，宇多天皇时期，日本朝廷铸行"宽平大宝"，重量为2.25克。宽平大宝的铸行数量极少，每年铸造数量只有500~600贯。

（8）公元907年，醍醐天皇时期，日本朝廷铸行"延喜通宝"，重量为2.25克，是模仿铜币铸造的铅币。1枚"延喜通宝"法定兑换10枚旧钱，新旧钱币并行流通。

（9）公元958年，村上天皇时期，日本朝廷铸行"乾元大宝"，重量为2.25克。此后，日本进入长达600年的无铸币时代。

同途殊归

中国唐朝与日本古代都铸行了虚币大钱，但是两者的结果不同。唐朝通过铸行虚币大钱赢得了战争；日本古代却在和平时代持续不断地铸行各种虚币大钱，终于搞垮了自己的货币经济。

铸行虚币大钱，以一当十，收敛百姓的财富，是中国唐朝创

四　唐朝的"乾元重宝"与日本的"皇朝十二钱"

建的一种敛财方式。日本古代学习了中国唐朝的这个办法，在以后的200多年中反复使用，平均大约20年发行一次新钱，几乎每次都要以一当十地收敛百姓的财富，终于将自己的货币经济搞垮。

所谓"皇朝十二钱"，便是自奈良时代前夕至平安时代上半叶的250多年里，日本朝廷铸行的12种铜钱。在这12种铜钱中，除了最初铸行的"和同开珎"，多数属于用于掠夺百姓、以一当十的虚币大钱。日本近代货币史学者、曾任日本造币局局长的久光重平说：

唐高宗乾封元年（公元666年）铸造了乾封泉宝，为直径一寸、重量二铢六分的新钱，与旧钱开元通宝并行流通，新钱一文折合旧钱十文。这种发行大钱敛财的做法之后也经常被采用，日本皇朝钱的发行也因循了这个恶例。

久光重平认为这种虚币敛财的方式是不好的，日本采用了中国唐高宗创建"乾封泉宝"的方式。

史书记载，公元666年，为了攻打高丽，唐高宗铸行"乾封泉宝"，以一当十，收敛百姓的财富，立刻引发了商业衰败、米帛价格暴涨。"乾封泉宝"流通了7个月后，唐高祖就废止了"乾封泉宝"，恢复"开元通宝"的铸行。

公元758年，为了平定安史之乱，唐肃宗时期，铸钱使第五琦主持铸行"乾元重宝"，以一当十，收敛百姓的财富用于战争，是日本朝廷仿照铸行虚币大钱"万年通宝"的直接诱因。安史之乱战争结束后，唐朝即将"乾元重宝"与"开元通宝"统一起来，以一兑一地并行流通，废止了虚币大钱的功能。

然而，日本朝廷却以虚币敛财为长期国策，反复使用，平均每大约20年就发行一次新钱，终于使自己的货币经济彻底崩溃，从此进入长达600年的无铸币时代。

五

大流士的"弥那"与楚平王的"两益"

波斯帝国的国王大流士（DARIUS），是历史上著名的弑君篡权者，他杀了他的堂叔巴尔迪亚，篡夺了王位，遭到全部属国的反抗，引发了大规模的战争。与此同时，中国南方的楚国也发生着弑君篡权的事情。楚平王谋害了他的哥哥，夺取了王位，但是楚国人并不反对，只有一个伍子胥带着太子建逃出国外，伺机反抗。波斯帝国的衡制源于两河流域，重量单位是"弥那"（MINA）。大流士将法定重量标准制成石刻砝码，1弥那重量为500克，是两捧大麦的重量。楚国的重量单位是"益"，法定重量标准被制成铜环权，出土数量众多，两益重量也是500克，是两捧小米的重量。

五 大流士的"弥那"与楚平王的"两益"

🐲 弥那制度

波斯人的重量单位起源于用手捧起麦粒的重量。用手捧起麦粒的最大量，可以达到250克。两捧麦粒的重量为500克，这就是波斯重量单位"弥那"的由来。

弥那这个重量单位的确立，可以追溯到公元前21世纪两河流域的乌尔第三王朝。公元前2096年至公元前2047年，乌尔第三王朝的国王舒尔基（SHULGI）在苏美尔重量制度的基础上确立了弥那重量标准。公元前605年至公元前562年，新巴比伦王国的国王尼布甲尼撒找到了一个舒尔基的两弥那石制砝码，将它复制，确定为新巴比伦王国的重量标准。公元前539年，居鲁士消灭了新巴比伦王国，继承了新巴比伦的重量标准。根据出土实物考证，一枚名曰"大流士宫殿"的石制砝码表明：公元前522年至公元前486年的波斯国王大流士使用的弥那重量标准折合现代500.2克。

弥那被等分为60个舍客勒（SHEKEL），每个舍客勒的重量为8.33克。舍客勒是波斯国王大流士时期重量制度的基本单位。波斯国王大流士就是根据舍客勒的标准重量制造了大流克（DARIC）金币。

弥那既可以用来称量黄金，也可以用来称量粮食。当然，人们称量粮食还需要有更大的重量单位。于是，60弥那是1他连得（TALENT），1他连得的重量折合现代30000克。

舍客勒是黄金重量制度的基本单位。黄金重量制度的更小单位是"色"（SE），是1个麦粒的重量，即0.0463克。1舍客勒可以等分为180色。然而，古波斯人更喜欢使用数字360，这可能是因为考虑粮食收成与1年360个日夜有关。于是，在波斯帝国，1舍客勒被等分为360"半色"。

益铢制度

公元前522年，波斯帝国的大流士弑君篡权，自立为国王。公元前529年，中国南方楚国的王子熊弃疾，弑君篡权，自立为国王。

楚平王是楚共王的第5个儿子。大哥楚康王病死后，二哥杀死刚刚即位的侄子，自立为王，是为楚灵王。楚灵王倒行逆施，民心背向，率军出征时国内发生政变。于是，出征的楚军溃散，楚灵王被饿死在途中，楚平王的三哥继位，是为楚初王。公元前529年，楚平王害死了三哥楚初王、四哥令尹子皙，自立为王。数年后，楚平王抢夺了儿子太子建的未婚妻——秦国公主孟嬴。于是，伍子胥和太子建出逃。楚平王死后，伍子胥引领吴国军队攻入楚国，将楚平王的尸体从墓中掘出鞭打，这是大家熟知的故事。

楚国的衡制采用益铢制度，法定重量标准被制成铜环权，即铜制环形砝码。楚平王在位之前及之后，楚国皆有铜环权，且目前都有出土。湖北江陵雨台山410号春秋中期楚墓出土铜环权4枚，说明楚国在春秋中期已经使用铜环权作为衡量的法定标准。

五 大流士的"弥那"与楚平王的"两益"

楚平王是春秋晚期楚国的君主。到了战国时期，楚国的铜环权更为完善。长沙近郊出土战国时期楚铜环权10枚，总重为两益，实测近500克。

根据出土实物测量结果，我们推定楚国衡制1益为250克，等于16两；1两为15.63克，等于24铢，如表2所示。

表2 楚国铜环权重量分析

序号	实测	推定单位	理论重量	差额	误差（%）
1	0.69	1铢	0.65	+0.04	+6.15
2	1.3	2铢	1.30	+0.00	+0.00
3	1.9	3铢	1.95	−0.05	−2.56
4	3.9	6铢	3.91	−0.01	−0.26
5	8.0	半两	7.81	+0.19	+2.56
6	15.5	两	15.63	−0.13	−0.64
7	30.3	2两	31.25	−0.95	−3.04
8	61.6	4两	62.50	−0.90	−1.44
9	124.4	半益	125	−0.60	−0.48
10	251.3	益	250	+1.30	+0.52
总数	498.89	两益	500	−1.11	−0.22

注：差额：实测结果与理论重量的差额。

根据推定重量单位及对理论重量与实测重量进行比较，误差在1%以下者5枚；误差在1%以上、3.04%以下者4枚；只有1枚的误差为6.15%，即1铢的铜环权，实测误差只有0.04克，10枚铜环权总量差额为1.11克，误差总幅度为0.22%，应属2000年青铜氧化的结果。

在春秋战国时期的楚国，益和斤是等同的概念。到了汉朝，人们不再使用益作为重量单位，而主要使用斤作为重量单位。

制度比较

大流士的弥那重量制度影响了后世，楚国的益铢重量制度也影响了后世。秦朝末年，陈胜、吴广起义，刘邦和项羽奉熊心为楚怀王，推翻暴秦。刘邦建立了西汉政权，使用楚国制度：1斤为250克，等于16两；1两为15.63克，等于24铢；1铢为0.651克。

与波斯帝国的情况一样，中国古代也用手捧粮食的数量作为重量单位的标准。《小尔雅》曰："一手之盛谓之溢，两手谓之掬。"

波斯人两手捧起大麦的最大量是250克；中国古人两手捧起小米的最大量也是250克。小米密度大于大麦密度，但是，两手捧起大麦的体积大于小米的体积，因为小米捧起的顶端容易滑落。所以，两种不同粮食用两手捧起的最大量十分接近。

波斯人称量粮食采用一个更大的重量单位——他连得，1他连得等于60弥那，重量为30000克。中国古人称量粮食也采用一个更大的重量单位——石，等于120益，重量也是30000克。

波斯人称量货币采用一个较小的重量单位——舍客勒，1舍客勒等于1/60弥那，重量为8.33克。中国古人称量货币也采用一个较小的重量单位——半两，重量为7.8125克。

中国古代很少使用黄金，而是使用铜钱。因此，中国古代货币重量制度，多用于称量青铜。中国古人喜欢用"两"来计算数量，

五 大流士的"弥那"与楚平王的"两益"

两个单位为1两,1个单位就是半两。所以,半两是中国古代最基本的货币重量单位。秦朝及西汉初期使用的铜钱,铭文"半两",后世称为"秦半两"。

半两是中国古代货币重量制度的基本单位,货币重量制度的更小单位是铢,是100粒粟的重量。半两就是12铢,是1200粒粟的重量。1粒粟的理论重量为0.00651克,与两河流域1粒大麦的重量0.0463相比,1粒大麦的重量等于7.11粒粟的重量。

中国古代的重量单位"石"与波斯帝国的重量单位"他连得"重量相同;中国古代的重量单位"两益"与波斯帝国的重量单位"弥那"重量相同。比"益"更小的重量单位,即货币重量制度最基本的单位,在波斯帝国是"舍客勒",在中国古代是"半两"。然而,这两个最基本的货币重量单位之间却出现了差异。

为什么两者重量之间出现了差异?原因是中国古人使用二进制,而波斯人使用60进制。

中国古人使用二进制,重量单位以半数等级递减,依次为1益(16两)、8两、4两、2两、1两、半两、1分。所以,中国古代的1益被等分为32个半两。半两成为中国古代货币重量制度的最基本单位。1益为250克,半两就是7.8125克。

波斯人使用60进制,重量单位以60的倍数等级递减,依次为:1他连得等分为60弥那,1弥那等分为60舍客勒。半弥那等同于中国古代的1益,被等分为30舍客勒,而不是32舍客勒。舍客勒是波斯帝国货币重量制度的最基本单位。1半弥那为250克,

1 舍客勒就是 8.33 克。

于是,我们将波斯帝国货币重量制度的最基本单位"舍客勒"与中国古代货币重量制度的最基本单位"半两"相比,两者的重量相差了 0.5175 克。

六

古罗马的"安敦尼币"与中国古代的"大钱当两"

安敦尼币制是罗马帝国元首卡拉卡拉创建的货币制度，大钱当两是中国南朝皇帝刘义隆实行的货币制度。两种制度的共同特点是：法定两种货币之间的比价，1枚大钱等于2枚小钱；并法定两种货币并行流通。

公元215年，罗马帝国元首卡拉卡拉为了掠夺民间财富、贿赂禁卫军，制造发行了相当于狄纳里旧币1.5倍重量的安敦尼新币，法定1枚安敦尼新币兑换2枚狄纳里旧币，从中获取了大量的财富，为禁卫军涨了工资。不久，卡拉卡拉被禁卫军杀害，但是安敦尼币却成为罗马帝国此后元首效仿的敛财模式，被不断地制造出来。

公元447年，中国南朝皇帝刘义隆整肃法纪，解决百姓剪凿五铢旧钱、盗铸四铢新钱的犯罪活动，实行"大钱当两"，即法定1枚五铢旧钱兑换2枚四铢新钱。结果，法令下达后，百姓立刻不再盗铸四铢新钱，而是反过来盗铸五铢旧钱，刘义隆无奈废黜了"大钱当两"的法令。不久，刘义隆被他的儿子刘劭带兵杀死，"大钱当两"的方法成为后世研究货币制度的反面教材。

六 古罗马的"安敦尼币"与中国古代的"大钱当两"

安敦尼币

安敦尼币制是罗马帝国塞维鲁王朝第二任元首卡拉卡拉创建的货币制度。塞维鲁王朝的建立是借助内乱并通过战争取得的。

公元192年的最后一天,罗马帝国的元首康茂德被刺杀了。罗马城市官佩蒂纳克斯被禁卫军推举为罗马元首。公元193年3月,禁卫军以佩蒂纳克斯实行错误的经济政策为借口,杀害了他。

禁卫军开始拍卖帝位。第迪乌斯·尤利安努斯以每位禁卫军25000塞斯特提铜币的价格中标,得到了罗马元首的宝座。不料,贿选元首遭到了各路军事指挥官的反对。几个实力强大的军事指挥官自封为罗马元首。其中,潘诺尼亚总督塞普蒂米乌斯·塞维鲁率领军队向罗马进军。禁卫军无奈抛弃了第迪乌斯·尤利安努斯。公元193年6月1日,第迪乌斯·尤利安努斯被处死,塞维鲁成为罗马元首。

在各路军事指挥官的相互战争中,塞维鲁能够不断取胜,是因为他懂得优待军人。他把钱花在军人身上,给军人发高饷;并把元老一个个地撤下重要职位,让没有文化的军人替代元老。公元208年,塞维鲁出兵不列颠。公元211年,塞维鲁病死在约克郡,临终前对两个儿子卡拉卡拉和盖塔的遗言是:"愿你们兄弟和睦,让士兵发财,不要管其他人。"

卡拉卡拉的名字是玛尔库斯·奥勒利乌斯·安敦尼（MARCUS AURELIUS ANTONINUS），他是罗马帝国塞维鲁王朝的第二任元首，人称绰号卡拉卡拉。人们称呼他卡拉卡拉，是因为他喜欢穿一种名为卡拉卡拉的披风。

塞维鲁死后，卡拉卡拉和弟弟盖塔成为共治元首。几个月后，卡拉卡拉杀死了盖塔，成为真正的独裁元首。卡拉卡拉没有遵照他父亲的遗言保持兄弟和睦，却遵照他父亲的遗言让士兵发财。

公元215年，卡拉卡拉创建了安敦尼币制，即开始发行一种新银币——安敦尼币（ANTONINIANUS），使其与狄纳里旧银币并行流通。1枚安敦尼银币法定兑换2枚狄纳里银币，却只有1.5枚狄纳里银币的重量。1枚狄纳里银币的法定重量为1/96罗马磅[①]，即3.406克。2枚狄纳里银币的重量应该是1/48罗马磅，即6.812克。1.5枚狄纳里银币的重量是5.109（3.406×1.5）克，即安敦尼银币的法定重量。卡拉卡拉每制造1枚安敦尼银币就获得1.703（6.812-5.109）克白银的利益。

有了虚币敛财获得的资金，卡拉卡拉将禁卫军的工资从每年500狄纳里提高到每年750狄纳里，因而得到了禁卫军的广泛拥护。但是，这些拥护并没有保住卡拉卡拉的性命。又做了大约2年的罗马元首，卡拉卡拉于公元217年被禁卫军杀死了。

大钱当两

大钱当两是中国南北朝时期南朝皇帝刘义隆实行的货币制

---

① 1罗马磅为327克。

六 古罗马的"安敦尼币"与中国古代的"大钱当两"

度。刘义隆发行了新钱——四铢钱，令其与旧钱——五铢钱并行流通。

罗马帝国元首卡拉卡拉制造发行新钱，用来当两个旧钱使用，其中新钱较大，可以说是"1新当2旧"；刘义隆却下令流通中的1枚五铢旧铜钱，用来当2枚四铢新铜钱使用，其中旧钱较大，可以说是"1旧当2新"，用中国文言话来说就是"大钱当两"。

中国古代魏晋南北朝时期，战争频繁，货币经济衰败，西晋和东晋两朝共150多年间，政府没有制造铜钱，市场上只有旧钱流通。到了南朝时期，公元430年，刘宋王朝的第二任皇帝刘义隆恢复了政府制造铜钱的工作。刘义隆制造的铜钱不是过去流通的五铢钱，而是新创的四铢钱。四铢钱轻小，却可以当作五铢钱使用，制造新钱有利可图，所以引发了民间盗铸。百姓剪凿五铢旧钱，盗铸四铢新钱，从中牟利。公元447年，为了解决这个问题，刘义隆的弟弟、江夏王刘义恭提议"大钱当两"。

江夏王提出建议：如果规定1枚五铢旧钱兑换2枚四铢新钱，百姓就不会再去剪凿五铢旧钱、盗铸四铢新钱了，朝廷也不需要采矿冶铜铸钱，钱币流通总量就可以大幅度地扩大。

江夏王的提议遭到了大臣的反对。刘义隆不顾大臣的反对，接受了弟弟江夏王的建议，实行"大钱当两"。然而，"大钱当两"的方法实行起来真的有问题：百姓不再盗铸四铢新钱，反过来盗铸五铢旧钱了。过去盗铸1枚四铢新钱的利益是1铢（制造四铢比五铢节约1铢），盗铸1枚五铢旧钱的利益是3铢（制造1枚五铢比两枚四铢节约3铢），所以，盗铸活动更加猖獗。于是，刘义隆无奈废除了"大钱当两"的办法。

045

公元453年，刘义隆被他的儿子、太子刘劭带兵杀害，江夏王从皇弟变成了皇叔，不久又变成皇爷叔，再不提"大钱当两"的事情。

后世影响

刘义隆被杀死了，"大钱当两"没有成为后世的定式；卡拉卡拉也被杀死了，安敦尼币制却流传下来，继续发挥着虚币敛财的作用。

卡拉卡拉创建安敦尼币制度68年后，罗马帝国的元首卡里努斯仍在发行安敦尼币。

卡里努斯的父亲卡鲁斯原本是罗马帝国的将军。公元282年，卡鲁斯趁罗马元首普罗布斯率军出征波斯之机发动政变，成为罗马元首。公元283年，卡鲁斯将长子卡里努斯和幼子努梅里安立为共治元首（奥古斯都）。就在这一年，卡鲁斯在攻打波斯途中被雷电劈死，努梅里安率领军队撤退至小亚细亚时被谋杀，大名鼎鼎的戴克里先被军人们拥立为罗马元首。此后，留守罗马的卡里努斯又坚持了两年，直到公元285年，才被自己部队的军人杀害。在这两年里，卡里努斯发行了安敦尼币，这些安敦尼币的重量已经远不足5.109克，却被法定为4枚狄纳里使用。

卡里努斯1安敦尼银币，公元283~285年在罗马造币厂生产，重量为2.87克，正面是卡里努斯芒冠面朝右头像，周围币文："IMP·CARINVS·PF·AVG"（最高统帅·卡里努斯·虔诚和幸运者·奥古斯都）；背面是朱庇特站像，左手持杖，右手持维多利亚胜利女神，脚前有鹰，周围币文："IOVI·VICTORI"（致

六 古罗马的"安敦尼币"与中国古代的"大钱当两"

意胜利的朱庇特），线下有币文"KA·新月图形·B"。

图6-1 卡里努斯1安敦尼银币

自从公元215年卡拉卡拉创建安敦尼币制，使用1.5枚狄纳里重量的白银制造等于2枚狄纳里价值的安敦尼币，至公元283年卡里努斯发行减重的安敦尼币，这期间的68年里，历代罗马元首无不大量发行安敦尼币，以暴敛民财。安敦尼币越来越小，而其所代表的价值，到了卡里努斯的时候，却已经涨到法定兑换4枚狄纳里币。

识别安敦尼币的主要特征是钱币正面人物肖像头戴芒冠，而狄纳里币正面人物肖像是不戴芒冠的。罗马帝国初期，钱币上的人物肖像头戴芒冠表示此人已经升天成神。自从尼禄货币改制以来，钱币上的人物肖像头戴芒冠则表示这枚钱币当两个使用。这种情形，不仅用在银币上，也用在金币和铜币上。

卡里努斯制造的安敦尼币很轻，却被当作4狄纳里使用，银币制度已经出现了严重的问题。此后，戴克里先要对罗马帝国的货币制度进行彻底的改革。

七

王莽的"大泉五十"与戴克里先的"阿根图币"

"大泉五十"是中国古代新朝皇帝王莽货币改革的产物，"阿根图币"是罗马帝国皇帝戴克里先货币改革的产物。王莽和戴克里先都是历史上著名的改革家，他们的改革都将社会带入大规模战争，使人民陷入极度痛苦，他们也都为此付出了生命。在货币改革方面，王莽和戴克里先的办法十分相似，都是发行大钱，兑换流通中的小钱，以此收敛民间财富。

七　王莽的"大泉五十"与戴克里先的"阿根图币"

🌀 大泉五十

西汉末年的社会问题主要是贫富分化。富人兼并土地，使奴唤婢，生活奢侈腐化；穷人失去土地生产资料，形成流民，举旗造反。王莽弑君篡位，建立新朝，实行改革，企图解决这些问题。

王莽改革的目标十分明确："抑兼并、齐庶民。"坚决消灭贫富分化。但是，怎样才能"齐庶民"，让大家一样呢？让大家一起富起来，王莽没有这个能力；让富人穷下去，王莽觉得还有些可能。仔细想想，富人的另一个名字又叫"有钱人"，把天下大部分钱收归国有，有钱人就没钱了，就与穷人一样了。于是，王莽开始实行货币改革。

五月，更造货：错刀，一直五千；契刀，一直五百；大钱，一直五十，与五铢钱并行。民多盗铸者。禁列侯以下不得挟黄金，输御府受直，然卒不与直。①

公元7年5月，王莽发行新货币：错刀，1枚错刀价值5000枚五铢钱；契刀，1枚契刀价值500枚五铢钱；大钱，1枚大钱价值50枚五铢钱。三种新钱与五铢旧钱并行流通。百姓多有盗铸者。同时，法律禁止列侯以下的人持有黄金。如果有人持有黄金，

---

① （东汉）班固：《汉书》卷九九上《王莽传》，中华书局1962年版，第4087页。

则应送到皇家库府，皇家库府给予等值的铜钱。但是，交出黄金的人最终也没有得到等值的铜钱。

王莽铸行的"大泉五十"，法定重量为12铢，以12铢重量的铜钱兑换50枚总共250铢重量的铜钱，净盈利238铢。况且，收来的五铢旧钱又可以销毁更铸为"大泉五十"，再兑换五铢旧钱。如此循环往复，将百姓手中的五铢钱更换一遍，百姓手中的铜钱便缩了95.2%。此后，王莽又发动了多次货币改革，都是以收敛百姓财富为目的。但是，当百姓手里的货币资产只剩下4.8%时，进一步的收敛就只是锦上添花，意义不大了。王莽的货币改革，搞得农商失业，食货俱废，民涕泣于市道。有钱人的货币资产被收走后，还可以依靠实物资产生活；劳动者的货币资产被收走后，生活就难以为继。于是，大规模的农民起义爆发了，王莽被斩杀于渐台。

阿根图币

与王莽一样，戴克里先也是弑君篡位的，也是改革家。不同的是：在中国古代，弑君篡位者很少，所以王莽以弑君篡位而著名于天下；在罗马帝国，弑君篡位属于常态，所以戴克里先以改革创新而著名于天下。

戴克里先的父亲是罗马元老院元老阿努利乌斯家里的奴隶，从主人家获得自由，并获得了一个文书工作。戴克里先在这个家庭里成长起来，以普通士兵的身份服役，逐步提升为高级军官。

公元283年，罗马元首卡鲁斯率领军队，带着刚刚任命为

七　王莽的"大泉五十"与戴克里先的"阿根图币"

共治元首的儿子努梅里安去攻打波斯。戴克里先作为努梅里安的卫队长一路前往。半途中，卡鲁斯被雷电劈死了。努梅里安率领军队撤退，行至小亚细亚时，被自己的部下杀害。军人们拥立戴克里先为罗马元首。这时候，卡鲁斯的长子、留守罗马的卡里努斯已经是卡鲁斯的共治元首。戴克里先率领大军攻打卡里努斯，将卡里努斯的军队打得落花流水，使卡里努斯兵败丧命。

于是，戴克里先成为罗马唯一的统治者，着手进行改革。

此时，罗马帝国的主要货币是安敦尼银币和狄纳里银币，1枚安敦尼法定兑换4枚狄纳里。而安敦尼的成色已经大幅度下降，含银量只有3.6%。为了解决安敦尼成色不足的问题，公元294年，戴克里先创建了阿根图（ARGENTEUS）银币制度。1枚阿根图币的重量是1/96罗马磅，即3.41克，其含银量为90%，价值等于25枚安敦尼，或者100枚狄纳里。

古罗马钱币的币材主要有三种：铜（aes，AE）、银（argentum，AR）、金（aurum，AU）。罗马帝国奥里斯金币（aureus）的名称，便源于拉丁文"aurum"（金），戴克里先创建阿根图（agentueus）银币制度的名称，便源于拉丁文"argentum"（银）。

英国货币学家卡森说：

一种纯度在90%左右的优质银币被重新使用，其生产标准为1/96罗马磅，有时这种钱币上带有"XCVI"（96）的标记……

从1970年在阿芙罗迪西亚斯发现的阿根图币上的币文可以得知，在当时（比最初的改革稍晚一点的时期，即公元301年），仍然是1阿根图＝100狄纳里。按照银的含量，这种阿根图币与

053

改革前的纯度安敦尼币的比大约是 25∶1，这意味着 1 安敦尼 =4 狄纳里。[①]

如果说阿根图币的含银量为 90%，是改革前安敦尼含银量的 25 倍，那么，在戴克里先接手的货币制度中，安敦尼的含银量只有 3.6%，属于含有少量白银的铜金属币。可以说，到了这个时候，罗马帝国的银币已经被历代元首逐步换成铜币。戴克里先的货币改革，旨在恢复银币的本原。1 枚阿根图币兑换 100 枚狄纳里或者 25 枚安敦尼的货币制度，使狄纳里和安敦尼迅速瓦解。打制狄纳里或者安敦尼已经成为亏损的事情，所以戴克里先以后的皇帝不再打制狄纳里和安敦尼。于是，狄纳里和安敦尼在古代世界里逐步消失。

全面改革

王莽和戴克里先实行的改革，不仅是货币改革，也是针对社会的全面改革。

王莽的改革主要有三个方面：一是解放奴隶，禁止奴隶买卖；二是土地国有，禁止土地买卖；三是货币改革，旨在将有钱人的钱收归国有。问题是，有钱人不仅有钱，还有土地、房屋、粮食、布帛等各种实物资产，货币资产被剥夺后，仍然能够生存；穷人的货币资产被剥夺之后，生计出现问题，只好举旗造反，形成全国规模的大起义。于是，王莽被起义军杀死了。

[①] [英]R.A.G.卡森：《罗马帝国货币史》，田圆译，法律出版社 2018 年版，第 502 页。

七 王莽的"大泉五十"与戴克里先的"阿根图币"

戴克里先的改革更多，主要有四个方面：

一是取消元首制，建立君主制。屋大维建立的元首制，元首的意思是第一公民。戴克里先建立了君主制，设立君主头衔"多米努斯"，意思是主人。戴克里先仿照东方君主的模式用豪华的宫廷仪式装饰自己，规定所有觐见君主的臣民要俯首下拜。从此，罗马帝国正式进入"君主制"统治时期。

二是建立四帝共治政治。在以前，罗马共和国由两个执政官和两个保民官共同治理，四位国家领导的任期都是一年；而戴克里先将国家分成四个地区，由四个皇帝分头治理，每个皇帝的任期都是终身。当有的皇帝去世时，就出现多个接班人，衍生出更多的皇帝。许多皇帝争夺帝位，就爆发了全国范围的军阀混战。

三是物价改革。公元301年，戴克里先颁布限制最高价格法（物价敕令）。这个限制价格上限的法令适用于数千种商品与工资，并将违例的商人处以死刑。然而，法令规定的官方价格远低于商品和服务的成本，从而严重地打击了商品生产和商品交换。

四是宗教改革。公元303年，戴克里先颁布了迫害基督徒的法令：①基督徒士兵必须离开军队；②基督教堂的私产全部充公；③将基督教的书籍烧毁。在戴克里先的宫殿被两次纵火之后，戴克里先对基督徒采取了更加强硬的措施：要么放弃信仰，要么处死。

公元305年，戴克里先宣布退位。然而，对基督徒的迫害行动仍在继续，一直到公元313年君士坦丁颁布《米兰敕令》。

戴克里先退位后，以前的功勋被人们遗忘，他被元老院指责为罪犯。戴克里先的妻子和女儿，先是被囚禁在叙利亚，然后在没有任何罪名的情况下，被当时作为皇帝之一的李锡尼杀害。

公元 312 年 5 月，戴克里先自杀了。

八
吕底亚王国的"纯银币"与波斯帝国的"西格罗斯"

西方世界最早的银币是吕底亚王国的"纯银币"，单位是斯塔特，代表 1/10 斯塔特纯金币的价值发挥货币职能。波斯帝国的银币，单位是西格罗斯，代表 1/20 舍客勒金币的价值发挥货币职能。这两种银币各自和与其价值挂钩的金币并行流通，体现了以金币为主的特色。

　　到了罗马帝国时期，以金币为主的货币制度再次出现，产生了西力克银币，代表 1/24 索利多金币的价值发挥货币职能。

八 吕底亚王国的"纯银币"与波斯帝国的"西格罗斯"

纯银钱币

吕底亚王国位于小亚细亚半岛西部（今土耳其西北部），濒临爱琴海，公元前13世纪末从曾经称霸古代世界的赫梯王国中独立出来。公元前640年，梅尔姆纳得斯王朝的第二任国王阿尔杜斯统治时期，吕底亚王国铸造出西方世界最早的钱币——琥珀合金币。

琥珀合金币是使用吕底亚王国首都萨迪斯河流中的金银合金制造的，金属成分三金一银，单位"斯塔特"（STATER），重量约为14克。

据说，到了阿尔杜斯的重孙子克洛伊索斯统治时期（公元前560年至公元前546年），吕底亚王国发明了金银分离术，开始铸造纯金币和纯银币。纯金币的重量大约为8克，纯银币的重量大约为11克。

从地中海沿岸的古希腊诸城邦，到印度西北部的印度河流域，传统钱币以银币为主。其原因是：早在琥珀合金币发明之前的1000多年里，从两河流域到小亚细亚半岛，从伊朗高原到印度河流域，广泛流通着白银称量货币。正是白银称量货币的长期发展，演化出白银数量货币——银币。克洛伊索斯从美丽的琥珀合金里提炼白银，用来制作纯银币，这听上去十分浪漫，分析起来却很不靠谱。

公元前 19 世纪,赫梯王国在小亚细亚半岛出现,经过百年的发展,将王国版图逐步扩大到几乎整个半岛。赫梯王国一经出现,就进入铁器时代,并且依靠铁器优势,成为世界强国。公元前 1595 年,赫梯人攻入巴比伦城,消灭了古巴比伦第一王朝。古巴比伦王国的商品交换采用白银称量货币。在《汉穆拉比法典》的 282 个条文中,使用白银称量货币的地方有 109 处,说明古巴比伦王国的白银称量货币流通十分繁盛。赫梯王国消灭了古巴比伦王国,继承了古巴比伦王国的白银称量货币制度,在 15 世纪撰写的《赫梯法典》的 200 个条文中,使用白银称量货币的地方有 167 处。可见,赫梯王国的白银称量货币流通比古巴比伦王国的白银称量货币流通更为广泛。

公元前 1285 年,赫梯王国的军队与埃及法老拉美西斯二世的军队大战于叙利亚地区的卡迭石东部。

战争进行了 16 年,耗费了大量的资源。此后,赫梯王国走向衰败。公元前 13 世纪末期,吕底亚王国从赫梯王国中独立出来。又经历了 600 多年的发展,吕底亚王国越来越富有,成为世界上最富有的王国,白银称量货币也达到了空前鼎盛。

在这个时候出现的纯金币和纯银币,其主要的金银原料,不是从琥珀合金中提炼出来的,而是吕底亚王国采矿冶炼的,或者是长期积累的。

吕底亚王国称量货币单位是舍客勒,重量为 8.33 克,打造成为金币,扣除成本和铸币税,实际重量大约为 8 克。吕底亚王国最早的斯塔特纯金币的重量正好在 8 克左右。

此时,黄金和白银的比价是 1∶13.3,即 1 舍客勒黄金兑换

八　吕底亚王国的"纯银币"与波斯帝国的"西格罗斯"

13.3 舍客勒白银。

吕底亚王国规定，1 枚斯塔特金币兑换 10 枚斯塔特银币。斯塔特银币的理论重量为 11.08（8.33×13.3÷10）克，去掉成本和铸币税，1 枚斯塔特银币的重量应在 11 克左右。这与出土的吕底亚王国最早的纯银币的重量正好在 11 克左右一致。

因此，可以推断，代表 1/10 斯塔特纯金币行使货币职能的斯塔特纯银币，其白银用量是根据所代表的黄金价值确定的。

西格罗斯

公元前 546 年，波斯帝国居鲁士（Cyrus）大帝吞并了吕底亚王国，继承了吕底亚王国的货币制度。到了大流士大帝（Darius the Great，公元前 522 年至公元前 486 年在位）统治时期，波斯帝国为了筹措军费，镇压各地武装起义，开始制造"大流克"（Daric）金币以及"西格罗斯"（Siglos）银币。

"大流克"一词的意思，一般被认为是"大流士的钱币"（Daric），但也有学者认为是源于古波斯语的 darayaka 一词，即"黄金"。但是，其中的因果关系，很可能是先有了"大流士的钱币"，后人将其转化为黄金的专用名词 darayaka。

波斯帝国征服吕底亚王国后，起初沿用克洛伊索斯国王的"克洛伊塞德"纯金币和纯银币，正面图案为狮子和公牛。公元前 510 年前后，大流士大帝开始制造新的金币和银币。

为了显示其强大，波斯帝国直接使用舍客勒重量标准制造"大流克"金币，没有从中扣除制造成本和铸币税。"大流克"金币的重量为 8.33 克，是 1 舍客勒重量的足值钱币。

同时，波斯帝国还打造了"西格罗斯"银币，代表 1/20 大流克金币发挥货币职能。1 枚大流克金币法定兑换 20 枚西格罗斯银币。"西格罗斯"这个词，正是希腊语的舍客勒。舍客勒在这里是指舍客勒金币或者大流克金币，意为与舍客勒金币价值挂钩，而不是指 1 舍客勒的重量。西格罗斯银币的理论重量为 5.54（8.33×13.3÷20）克。这个理论重量与出土的波斯帝国西格罗斯银币的重量基本相符。

白银钱币与黄金钱币并行流通时，白银钱币代表黄金钱币的一个分量，并采用黄金货币单位作为白银钱币的名称，表明白银钱币所代表的黄金钱币的分量价值，是古代地中海世界的一个传统，这种传统一直延续到罗马帝国统治地中海世界。

传统遗风

公元 324 年，吕底亚王国打制斯塔特纯银币的时代已经过去将近 1000 年，地中海世界已经被罗马帝国统治，罗马帝国的西部奥古斯都君士坦丁（公元 306~337 年在位）打败了他的妹夫——东部奥古斯都李锡尼，并将其处死，结束了戴克里先四帝共治的军阀混战局面，成为罗马唯一的统治者。

于是，君士坦丁决定在古城拜占庭旧址上建立一座新城，作为罗马帝国的新首都。这个新首都的名字仍叫"罗马城"，世人为纪念它的创建者而称它为"君士坦丁堡"，目前的名字是"伊斯坦布尔"。

建筑一座伟大的都城是要花钱的。为了筹集资金，君士坦丁从民间大规模收敛钱财，收敛钱财的办法之一是发行虚币。君士

八 吕底亚王国的"纯银币"与波斯帝国的"西格罗斯"

坦丁发行的虚币可以归纳为弗里斯铜币、索利多金币和西力克银币三种。

第一，君士坦丁继续发行戴克里先创建的弗里斯（Follis）铜币，并使其金属含量逐年下降，以此大规模掠夺人民财产。公元307~325年，君士坦丁发行的弗里斯铜币的重量，从10克左右降至2克左右，将用铜量下降至初期的20%。

第二，君士坦丁不再制造奥里斯（Aureus）金币，而是改制索利多（Solidus）金币。他将重量为1/60罗马磅的奥里斯金币，改为重量为1/72罗马磅的索利多金币，使其代表1/60罗马磅黄金行使货币职能。索利多金币比奥里斯金币的黄金用量减少16.7%。

第三，君士坦丁开始发行西力克（Siliqua）银币。西力克银币的生产标准与狄纳里（Denarius）银币一样，1罗马磅白银打制96枚西力克银币，每枚重量为3.41克。狄纳里银币最初价值等于1/25奥里斯金币，而西力克银币则代表1/24索利多金币行使货币职能。

既然西力克银币与狄纳里银币一样，为什么不称其为"狄纳里"，而称其为"西力克"？原因是，狄纳里的意思是10个阿斯铜币，而阿斯铜币早已经大幅度贬值。西力克是个重量单位，意思是1/1728罗马磅，即0.189克。索利多金币的重量是1/72罗马磅，西力克作为重量单位是1/24索利多的重量。将银币称为西力克，是为了增强人们对它的信心，意思是说这枚银币代表1/24索利多金币的价值，与索利多金币并行流通，一起行使货币职能。

063

西力克银币的重量是 1/96 罗马磅,即 3.41 克白银,代表 1/24 索利多金币的价值行使货币职能。这种货币制度的设计,仍然延续着吕底亚王国纯银币和波斯帝国西格罗斯银币的制度传统。

九
隋炀帝的"五铢白钱"与村上天皇的"乾元大宝"

公元 605~618 年（大业年间），隋炀帝铸造铜钱添加铅锡，制造五铢白钱，以虚钱敛财搜刮百姓，不禁搞垮了隋朝政权，而且结束了实行 700 多年的五铢钱货币制度。公元 958 年（日本天德二年），日本村上天皇铸行"乹元大宝"，则是使用铅金属伪造"铜钱"，更使日本百姓对朝廷铸造铜钱的信心丧失殆尽，日本经济从此进入长达 600 多年的无铸币时代。

九 隋炀帝的"五铢白钱"与村上天皇的"乾元大宝"

五铢白钱

铜钱中添加铅锡过多,就变成了白色。中国古代铜钱呈现白色的情形,发生在隋炀帝统治的大业年间。

隋炀帝营建东都、开凿御河、远途巡游、攻打高丽,耗尽天下钱财,只好在五铢铜钱中添加铅锡,虚币敛财,就产生了五铢白钱。然而,在铜钱中添加铅锡的做法,并不源于隋炀帝,而是源于他的父亲隋文帝。隋文帝杨坚原本是北周朝廷重臣,篡夺了宇文氏的皇位,然后攻打南朝,结束了中国南北朝对峙的局面。

公元581~583年,为了准备战争,扩大钱币流通总量,隋文帝铸钱采取了两个措施:一是允许百姓铸钱,二是在铜钱中加入一定比例的铅锡。然而,这种措施执行时间不久,公元585年(开皇五年),隋文帝诏令禁止百姓铸钱,却没有禁止铜钱中添加铅锡。五铢铜钱内加有铅锡,铸造利益较大,所以百姓继续私铸钱币,从中牟利。

是时见用之钱,皆须和以锡镴。锡镴既贱,求利者多,私铸之钱,不可禁约。其年,诏乃禁出锡镴之处,并不得私有采取。[①]

这时流通的铜钱,都须加入锡镴。锡镴价格低贱,很多人为

---

① (唐)魏徵等:《隋书》卷二四《食货志》,中华书局1973年版,第692页。

谋求私利进行私铸。私铸钱币的活动，官府无法禁止。这一年，朝廷下诏命令出产锡镴的地方，百姓不得私自开采。

公元604年(仁寿四年)7月，隋文帝死于岐州之北的仁寿宫，儿子杨广即位皇帝，是为隋炀帝。隋炀帝即位之时，天下殷富，于是立即营建东都、开凿御河、带领百官巡游天下，各项事务动辄役用人工百万，花钱无数。隋炀帝折腾数年，拼命花钱，还是不能将国民经济整垮，只好独辟蹊径，发动了对高丽的战争。与汉武帝时代情况相类似，战争消耗与水患灾害同时发生。

在隋炀帝统治下，中国人口大量死于劳役和战争，隋文帝积累的财富已经消耗殆尽；社会生产已经无法正常进行；人民已经无法生活，于是强者聚而为盗，弱者自卖为奴婢。

公元611年(大业七年)，农民起义在山东爆发。隋炀帝对农民起义并未在意，继续进行征伐高丽的战争。公元612年(大业八年)，隋炀帝亲率百万大军渡过辽水，进围辽东城，结果大败而归。公元613年(大业九年)，隋炀帝再次亲率大军征伐高丽，亦未能成功。没完没了的折腾，隋炀帝统治末期的社会经济已经崩溃，钱币质量日益滥恶，其中掺杂铅锡过多，颜色就成为白色。《新唐书·食货志》载：

隋末行五铢白钱。[①]

根据近代出土文物，隋末五铢白钱，不仅铜金属成色很低，重量也已经不足五铢。

[①] (宋)欧阳修、宋祁：《新唐书》卷五四《食货志》，中华书局1975年版，第1383页。

九 隋炀帝的"五铢白钱"与村上天皇的"乹元大宝"

隋炀帝倒行逆施，终于使隋王朝灭亡。太原留守李渊乘机起兵，建立大唐王朝，并逐步控制了隋王朝原来统治的大部分地区。既然五铢钱已经不为市场所接受，为了支持战争，取得最后的胜利，并稳定经济秩序，恢复大后方的正常生产和商品流通，公元621年，唐高祖李渊开始铸行"开元通宝"铜钱，实行了700多年的五铢钱货币制度终于结束。

日本铜钱

日本的平安时代前期（公元794~958年），天皇统治的朝廷铸造铜钱也添加铅金属。

公元818年（日本弘仁九年），日本平安时代初期，嵯峨天皇铸行富寿神宝铜钱。与此前日本朝廷铸行的各类铜钱相比，富寿神宝的铜金属成色下降，铅金属成分上升。铅金属要比铜金属软很多，容易磨损。所以，富寿神宝表面字迹模糊不清。公元820年（日本弘仁十一年），嵯峨天皇对大藏省诏曰：

> 铸钱司正在铸造的新钱，虽说币面文字不很清晰，但字势尚在。况且，即使存在小瑕疵也不妨碍其流通使用。因此还是应该研究一下予以接受为盼。[①]

公元859年（日本贞观元年），清和天皇铸行饶益神宝铜钱，质更加恶劣，百姓兴起选择钱币之风。公元865年（日本贞观七年），日本朝廷颁布禁止选钱的法令，若有违背禁令者，就地施

[①] 久光重平：《日本货币史概说》，孟郁聪译，法律出版社2023年版，第33页。

以杖刑。

公元870年（日本贞观十二年），日本朝廷铸行贞观永宝，继续降低铜金属成色，铜金属成分已经降至大约一半，铸钱的做工也更加粗糙。

公元872年（日本贞观十四年）9月，据日本史书记载，新铸的贞观永宝钱文就磨毁了，轮廓也不见了，以致在日常交易中大多被放弃不用。日本朝廷对铸钱司进行了严厉的批评，要求其采取有效措施改善铸造工艺。

公元907年（日本延喜七年），醍醐天皇铸行"延喜通宝"。根据《钱谱》记载，延喜通宝并没有使用铜金属，而是全部使用铅金属，属于模仿铜钱制造的铅钱。因为铅钱易于磨损，所以，醍醐天皇在发行延喜通宝的诏书中说：

如果钱文中有一字能够看明白，大家都应该使用。如果有人进行挑选或者弃之不用，则将追究责任。[1]

延喜通宝已经不是真的铜钱，而是假铜钱。日本朝廷造假，百姓信心丧失殆尽，不愿意接受这样的假钱。

乾元大宝

公元958年（日本天德二年），村上天皇铸行了日本朝廷最后一种铜钱——"乾元大宝"。

这时，延喜通宝已经流通了半个多世纪，这是个非常糟糕的

---

[1] 久光重平：《日本货币史概说》，孟郁聪译，法律出版社2023年版，第36页。

九 隋炀帝的"五铢白钱"与村上天皇的"乾元大宝"

钱币。乾元大宝比延喜通宝更为糟糕，糟糕的程度超出了我们的想象，以致百姓反应激烈，交易时不接受乾元大宝。于是，日本朝廷进行公卿论奏，商量解决办法。

公元963年（日本应和三年），日本朝廷通过公卿论奏，议定停止旧钱流通，只准新钱流通。旧钱退出，只剩下新钱，百姓不接受也不行。不料，百姓仍然不接受新钱。没有了旧钱，百姓又不接受新钱，结果只能让商品交换回到以物易物的原始交换方式。

公元984年（日本宽和二年），史书记载：

从去年九月中旬至今，没有人用钱购买物品，货币不再流通，人民无不叹息。[①]

同时，日本官方表示要派遣"检非违使"，制止不用钱而用物物交换的行为。同时，为了让民众使用新钱，朝廷命令15座大寺的80位僧侣进行了一个星期的祈祷，却没有收到任何效果。于是，日本经济进入了长达600多年的无铸币时代。

中国隋朝降低五铢钱的铜金属成色，加入过多的铅金属，铸行五铢白钱，搞得百姓都不接受这种假钱，结果是五铢钱制度崩溃，开元通宝钱币制度代之而起。

比较中国古代隋朝与日本古代平安时代铸行铜钱的情况，两国相同之处在于：制造铜钱时在铜钱中添加铅金属，从而降低铜金属的成色，造成铜钱信用降低，百姓弃之不用，结束了原有的

---

① 久光重平：《日本货币史概说》，孟郁聪译，法律出版社2023年版，第41页。

铜钱货币制度。不同之处在于：中国在结束原有铜钱货币制度之后，立刻建立了新的铜钱货币制度；日本则是在结束原有的铜钱货币制度后，进入了长期的无铸币时代。

为什么相同的困境产生出不同的结果？结束日本铜钱货币制度的原因，还有以下两点：

（1）日本平安时代朝廷铸行铜钱，多是新钱1枚兑换旧钱10枚。这种做法，使百姓手中的钱币大幅度缩水，造成百姓重视商品而抛弃钱币。这是当时日本商品交换从货币媒介转向以物易物方式的市场原因。

（2）武士集团势力逐步增强，军阀割据造成庄园经济兴起，商品经济衰败，这是日本古代经济进入无铸币时代的制度原因。

图9-1 延喜通宝 　　图9-2 乹元大宝

自从公元983年9月中旬日本百姓开始不再用钱购买商品，钱币就在日本逐步销声匿迹。钱币退出流通，取而代之发挥货币作用的是稻谷、布帛等实物货币。这种局面一直延续到中国宋钱大量流入日本，成为日本市场上的主要流通钱币。

罗马帝国的"银币"与拜占庭帝国的"金币"

世界古代几个最著名的金属货币制度是怎样终结的？其原因多与该货币的金属成色下降有关。罗马帝国的狄纳里银币制度延续了600多年，终结于白银金属成色的下降；拜占庭帝国的索利多金币制度延续了700多年，终结于黄金金属成色的下降；中国的五铢铜钱制度延续了700多年，终结于青铜金属成色的下降。放在一起来看，无论是银币、金币，还是铜币，金属成色下降均是造成古代金属货币制度终结的重要原因。

十 罗马帝国的"银币"与拜占庭帝国的"金币"

狄纳里银币

罗马帝国的狄纳里银币制度延续了600多年,经历了减少金属含量和降低金属成色两个过程,终于彻底崩溃,阿根图(Argenteus)银币制度以及后来的西力克银币制度代之而起。

公元前211年,罗马共和国建立了狄纳里银币制度。公元前211年至公元前27年的184年,罗马共和国政府将阿斯铜币的重量从2盎司减少到半盎司,而狄纳里银币的重量,在这一段阶段里,则基本保持稳定。

公元前27年,罗马共和国转为罗马帝国,造币权从元老院转入帝国元首手里,阿斯铜币继续减重已经没有什么余地,钱币减重的重点便从阿斯铜币转到狄纳里银币上。公元前27年至公元285年的312年,狄纳里银币的重量从3.89克(1/84罗马磅)减少到1.44克。目前可以见到的公元285年生产的卡里努斯安敦尼银币(价值2狄纳里银币)的重量为2.87克。据此计算,1狄纳里银币的重量只有1.44克。

为了节约使用白银,罗马帝国不仅减少了狄纳里银币的白银含量,并且降低了狄纳里银币的白银成色。

罗马共和国对阿斯铜币减少金属含量,依靠的优势是阿斯铜币是个大个头儿的钱币,理论重量为327克。罗马共和国政府将阿斯铜币的重量减少316克之后,还有11克,其重量和大小仍适合当作一枚钱币使用。到了罗马帝国时期，阿斯铜币的重量已经降低到 11 克左右，继续减重的空间不大。所以，罗马帝国政府实行钱币减重的措施，便从阿斯铜币转向狄纳里银币。

这时候，狄纳里银币是个小个儿的钱币，理论重量只有 3.89 克，减少金属含量的余地也不大。为了减少狄纳里银币的用银量，以便制造更多的狄纳里银币，满足军事开支和经济发展的货币需求，罗马帝国逐步降低狄纳里银币的白银成色。狄纳里银币最初的成色在 90% 左右。公元 284 年，戴克里先建立君主制、成为罗马皇帝的时候，狄纳里银币的成色已经降到 3.6%。于是，公元 294 年，戴克里先实行货币改制，制造白银成色为 90% 的阿根图银币，取代了狄纳里银币。1 枚阿根图银币法定兑换 100 枚狄纳里银币。于是，制造狄纳里银币已经无利可图，狄纳里银币逐步退出了流通领域，古罗马延续 600 多年的狄纳里银币制度宣告终结。

索利多金币

拜占庭帝国的索利多金币制度延续了 700 多年，经历了减少金属含量和降低金属成色两个过程，终于彻底崩溃，海伯龙金币制度代之而起。

公元 4 世纪前期，君士坦丁在古希腊拜占庭城邦的城址上建立了都城——新罗马，开启了拜占庭帝国时代。同时，君士坦丁还结束了奥里斯金币在古罗马长期流通的局面，创建了拜占庭帝国的主要钱币——索利多金币制度。索利多金币经历了拜占庭帝

十　罗马帝国的"银币"与拜占庭帝国的"金币"

国漫长的时期，直到公元10世纪前期，在重量、直径和纯度等方面都基本保持不变，成为整个地中海周边地区最具信誉的国际货币。

公元10世纪前期，索利多金币开始减重。针对索利多金币减重的问题，公元963~969年，拜占庭帝国的皇帝尼基弗鲁斯二世将索利多金币改变成两种面值的金币：特塔特伦金币和希斯塔麦伦金币，其中特塔特伦金币代表减重的索利多金币；希斯塔麦伦金币代表足值的索利多金币。两种金币都是索利多金币的变种，仍属于索利多金币系列。

杜卡王朝时期（公元1059~1081年），拜占庭帝国走向衰败，小农经济逐步破产，大贵族势力兴起，中央集权政治遭到破坏，货币经济开始走下坡路。科穆宁王朝初期（公元1081年），希斯塔麦伦金币已经变成了金银合金币，黄金纯度降至8K，即黄金含量只剩下1/3。

金币成色的下降，使百姓对金币丧失信心，不再愿意接受金币作为货币使用。公元1092年，阿历克塞一世开始发行一种黄金纯度较高的金币，称为"海伯龙"（HYPERPYRON），意思是"高纯度的金币"。海伯龙币面呈凹形，理论重量为4.54克，黄金纯度为20.5K。

阿历克塞一世海伯龙金币，公元1081~1118年生产，重4.12克，正面图案是基督坐像，周围币文"+K∈·ROHO∈1"（圣母）；背面图案是阿历克塞一世正面站像，手持权杖和十字宝球，左侧币文"AΛ∈SIω·Δ∈C∏Oζ"（阿历克塞·专制君主），右侧币文"Tω·KOMNHчω"（统帅）。

图10-1　海伯龙金币

至此，索利多金币制度终结，海伯龙金币制度开启。公元178年之后，公元1270年，海伯龙金币的纯度下降到16~16¾K。米海尔八世之后的两位继任者统治时期（公元1282~1328年），海伯龙金币的质量每况愈下，不断贬值。于是，拜占庭帝国不再打制金币，银币成为核心货币。

汉五铢铜钱

西方古代国家的银币、金币和铜币，多是打制而成，形状为无孔的金属圆片儿，正面和背面都有图案。古代中国主要使用铜金属货币，浇铸而成，中间有方孔，正面有币文，称为铜钱。中外古代金属货币形制不同，但其发展规律相同。中国古代流通时间最久的铜钱是汉武帝创建的五铢钱，跨越多个朝代，流通700多年。五铢钱制度终结的原因，与狄纳里银币、索利多金币一样，都是金属成色大幅度下降。

公元604年，隋炀帝继位后，营建东都、开凿御河、带领百官巡游天下，各项事务动辄役用人工百万，花钱无数。同时，隋炀帝发动了攻打高丽的战争。中国人口大量死于劳役和战争。战争消耗与水患灾害同时发生，社会生产搞到无法正常进行；百姓

十　罗马帝国的"银币"与拜占庭帝国的"金币"

无法生活，于是弱者自卖为奴婢，强者聚而为盗贼。

公元611年（大业七年），大规模的农民起义在山东爆发，隋炀帝未予重视。公元612年（大业八年），隋炀帝亲率百万大军渡过辽水，进围辽东城，结果大败而归。公元613年（大业九年），隋炀帝再次亲率大军征伐高丽，亦未能成功。没完没了的折腾，隋炀帝统治末期的社会经济已经崩溃，钱币质量日益滥恶，其中掺杂铅锡过多，颜色从赤色变成了白色。《新唐书·食货志》载：

隋末行五铢白钱。[①]

根据对近代出土文物的考证，隋末的五铢白钱，不仅铜金属成色很低，重量也已经不足五铢。百姓不愿意接受这种假铜钱，商品交换便从钱币作为媒介转向以物易物的原始交换方式。

隋炀帝倒行逆施，终于使隋王朝灭亡。太原留守李渊乘机起兵，建立了大唐王朝，并逐步控制了隋王朝原来统治的大部分地区。既然五铢钱已经不为市场所接受，为了支持战争，取得最后的胜利，并稳定经济秩序，恢复大后方的正常生产和商品流通，公元621年，唐高祖李渊开始铸行"开元通宝"铜钱，实行了700多年的五铢钱制度终于结束。

此外，日本古代也发生了与中国古代相同的情况。日本古代封建社会商品经济鼎盛时期发生在奈良时代和平安时代前期。在此时期，日本天皇政府陆续铸行了一些种类的铜钱，史称"皇朝

---

① （宋）欧阳修、宋祁：《新唐书》卷五四《食货志》，中华书局1975年版，第1383页。

十二钱"。"皇朝十二钱"在陆续发行过程中，日本天皇政府在铜钱中逐步增加了铅金属的含量，降低铜金属成色，终于将铜钱制度搞垮了。

公元983年，日本天皇政府铸造的铜钱已经是使用铅金属伪造的"假铜钱"。日本百姓对朝廷铸造铜钱的信心丧失殆尽，不再使用铜钱，日本天皇政府亦停止铸造铜钱。于是，日本进入长达600多年的"无铸币时代"。

十一
中国古代的"益"与西方古代的"弥那"

中国古代最主要的称量单位是"益",标准重量在南方的楚国、中原的魏国和东方的齐国之间存在着较大的差异,分别代表16两、20两和24两。西方古代最主要的称量单位是"弥那",标准重量在两河流域的乌尔第三王朝、北方小亚细亚半岛上的赫梯王国、西方古希腊的雅典城邦之间也存在着较大的差异,分别代表60舍客勒、40舍客勒和52.5舍客勒。

十一 中国古代的"益"与西方古代的"弥那"

益两制度

作为中国古代重量单位的"两",在楚国、魏国和齐国的重量大体一致,理论上都是15.625克。若干两组成的重量单位"益",在楚国、魏国和齐国的标准重量却差距悬殊:楚国1益等于16两,理论重量为250克;魏国1益等于20两,理论重量为312.5克;齐国1益等于24两,理论重量为375.0克。尽管针对出土刻有铭文的铜器进行实测的结果与理论重量之间存在着微小的误差,但这些实测结果为证实中国古代重量单位"益"在各诸侯国存在不同的分量制度仍然提供了可信的证据。

1. 楚国钧益铜环权

1954年,湖南长沙近郊出土楚国铜环权10枚,重量分别为0.69克、1.30克、1.90克、3.90克、8.00克、15.50克、30.30克、61.60克、124.40克、251.30克。其中,第9枚刻有"钧益"二字。黄锡全先生考证"钧益"应为"间益",即"半益"。第9枚铜环权实测重量为124.40克,是重量半益的砝码;第10枚铜环权实测重量为251.30克,是1益的砝码。

根据对更多出土楚国铜环权的实测结果,我们推定楚国的1益等于现代的250克。楚国衡制1益为16两,每两24铢,10枚铜环权的重量单位是1铢、2铢、3铢、6铢、12铢、1两、2两、4两、8两、16两(1益)。据此测量,10枚铜环权各自所代表的单位重量基本相符。

由此判断,楚国 1 益的理论重量是 250 克,1 两的理论重量是 15.625 克。

2. 魏国信安侯铜鼎

1979 年,陕西武功出土魏国信安君铜鼎,刻有"九益"二字,重量实测为 2842.5 克[①],可以算出:2842.5 克 ÷9=315.83 克,即 1 益为 315.83 克。

与楚国 1 两重 15.625 克相比:315.83 克/益 ÷15.625 克/两 = 20.21 两/益,即魏国的 1 益大约等于楚国的 20 两。

3. 齐国临淄商王墓耳杯

1992 年,山东临淄商王墓出土了大小两件有记重、记容的耳杯,考证为战国末年齐国的器物。小耳杯刻铭中有"冢叁十镒"字样,实测重量为 116.71 克[②];大耳杯刻铭中有"冢一益卅八镒"字样,实测重量为 517.47 克[③]。

小耳杯重"叁十镒",实测重量为 116.71 克,每镒应为:116.71 克 ÷30=3.89 克,即 1 镒的重量为 3.89 克。大耳杯重"一益卅八镒",实测重量为 517.47 克,1 益的重量为:517.47 克 – 3.89 克 ×38=369.65 克。

与楚国 1 两为 15.625 克相比:369.65 克/益 ÷15.625 克/两 = 23.66 两/益,即齐国的 1 益大约相当于楚国的 24 两。综合上述

---

① 丘光明、邱隆、杨平:《中国科学技术史(度量衡卷)》,科学出版社 2001 年版,第 140 页。
②③ 丘光明、邱隆、杨平:《中国科学技术史(度量衡卷)》,科学出版社 2001 年版,第 125 页。

情况，可以得出表2。

表2　楚、魏、齐国益重量及折合楚国若干两汇总

国家	1益重量（实测）	折合楚国若干两	推定1益折合
楚国	250.00克	16.00两	16两
魏国	315.83克	20.21两	20两
齐国	369.65克	23.66两	24两

弥那制度

公元前2096年，舒尔基继位乌尔第三王朝国王。他统一了两河流域的各个城邦，统一了度量衡。从此，弥那重量制度逐步传播到整个西亚地区及地中海沿岸各国。弥那的分量单位是"舍客勒"。在苏美尔语中，弥那的意思是"计算"，舍客勒的意思是"称重"。1弥那是两捧大麦的重量，折合现代500克，可以分为60舍客勒。1舍客勒的重量折合现代8.33克，等于180色。1色就是1颗麦粒的重量，折合现代0.0463克。

弥那是西方古代最核心的称量单位，起源于两河流域，向东传入波斯高原，向北传入小亚细亚半岛，进而影响到整个地中海世界。弥那重量制度传入波斯高原，1弥那仍然等于60舍客勒。但是，弥那重量制度传入小亚细亚半岛，1弥那只有40舍客勒。

公元前19世纪，赫梯王国在小亚细亚半岛（今土耳其地区）形成。赫梯王国是世界上最早使用铁器的国家，因此具有较强的军事实力。公元前1595年，赫梯王国的军队攻入巴比伦城，消灭了古巴比伦王国，从此接受了古巴比伦王国的称量单位

弥那，与本国重量制度相结合，产生了 1 弥那等于 40 舍客勒的称量制度。这一点，我们可以从保存下来的《赫梯法典》中找到依据。

《赫梯法典》是古代赫梯王国的基本法，编撰于公元前 15 世纪。在《赫梯法典》的 200 个条文中，使用白银作为货币计量的地方共有 167 处，其中白银货币单位为"弥那"的地方 14 处；白银货币单位为"舍客勒"的地方 153 处。

在赫梯王国，1 弥那的重量是 40 舍客勒，折合现代 500 克 ÷ 60×40=333.33 克。这一点，不仅外国学者霍尔奈夫在《赫梯人的法典》一书中有详细的考证，小亚细亚半岛上的古希腊城邦的重量单位德拉克马也提供了相关的证据。这个地区的德拉克马等于 1% 弥那，标准重量为 3.33 克，1 弥那重量正是 333.33 克，而不是两河流域的 500 克。

德拉克马

公元前 8 世纪至公元前 6 世纪，古希腊人在地中海沿岸进行大规模的殖民运动。在小亚细亚半岛上，古希腊人建立了许多殖民城邦，其中最为著名的有米利都、以弗所、帕加马、卡里亚等。在这些城邦，古希腊人采用赫梯王国的弥那重量制度，与古希腊的德拉克马重量制度接轨，1 弥那等于 100 德拉克马，1 德拉克马重量为 3.33 克。

德拉克马既是重量单位，也是货币单位。在古希腊语中，德拉克马的意思是"一把"，应该是指一把麦粒的重量。

赫尔茨在《古代希腊和罗马度量衡文献》中引用古代医学家

十一 中国古代的"益"与西方古代的"弥那"

盖伦(公元129~216年)的一段话:

1德拉克马等于18克拉特,或按别人的说法,3格拉玛,1格拉玛等于2奥波,1奥波等于3克拉特,1克拉特包含4颗谷物。

盖伦说,1把可以抓起72颗麦粒,重量称为"德拉克马"。

72颗麦粒的重量等于现代0.0463克×72=3.33克。这一点,小亚细亚半岛上的古希腊城邦与希腊半岛上的古希腊城邦之间出现了差异。小亚细亚半岛上的古希腊城邦使用了赫梯王国的弥那重量制度,而希腊半岛上的古希腊城邦却使用了两河流域的弥那重量制度。位于阿提卡地区的雅典城邦,1德拉克马的重量是4.37克,等于94颗麦粒的重量。这个重量标准在名义上与两河流域的弥那重量制度挂钩,但实际上与两河流域的重量制度仍有差异。

100德拉克马为1弥那,重量为437克。古希腊雅典城邦1弥那的重量标准只有两河流域1弥那重量标准的7/8,即500克÷8×7≈437克。为什么会有这样的差距?据说,这事情与雅典第一任执政官梭伦(SOLON)的改革有关。

公元前600年前后,年约30岁的梭伦被任命为军事指挥官,统率部队,一举夺下萨拉米斯岛。从此,梭伦走上雅典的政坛。公元前594年,梭伦出任雅典城邦的第一任执政官,开始修订法律,进行改革,史称"梭伦改革"。梭伦改革的内容很多,其中有关于度量衡和借贷利率的改革。梭伦规定借贷利率为12.5%。于是,借款人借1弥那(500克),却只能拿到437克,其间差额为63克,便是本金500克的贴息。

这传说也许并不可靠。不过,两河流域1弥那为500克,古希腊雅典城邦1弥那为437克,却是可信的。两者之间大约是7/8的关系,可能是一个巧合。

舍客勒的标准重量是8.33克,雅典城邦的弥那重量:437克÷8.33克≈52.5舍客勒。两河流域1弥那重量代表60舍客勒,雅典城邦1弥那重量仅代表52.5舍客勒,比两河流域的弥那少了7.5舍客勒。

十二
村上天皇的"公卿论奏"与魏文帝的"谷帛为市"

古代日本在奈良时代（公元710~794年）及平安时代（公元794~1192年）前期的200多年里，陆续发行了"皇朝十二钱"，货币经济一度繁荣。公元963年（日本应和三年），村上天皇（公元946~967年在位）朝廷举行"公卿论奏"，讨论百姓不使用朝廷铸造钱币的问题。数十年后，日本经济便进入长达600多年的"无铸币时代"。

除了古代日本，古代中国和古代俄罗斯在国家垄断发行钱币的一段时期之后，也发生了长期的无铸币时代。古代中国魏文帝命令百姓以"谷帛为市"数十年后，两晋时期（公元265~420年）的总计155年，是古代中国的无铸币时代。古代俄罗斯自雅罗斯拉夫大公去世（公元1054年）至德米特里大公始造金夏银币（公元1380年）的总计326年，是古代俄罗斯的无铸币时代。

十二　村上天皇的"公卿论奏"与魏文帝的"谷帛为市"

公卿论奏

日本奈良时代铜钱的成色较高。到了平安时代前期，日本朝廷使用铅金属替代铜金属制造铜钱，使铜钱中铅金属成分越来越多，铜金属成分越来越少，铜钱就变成了铅钱。

公元907年（日本延喜七年），醍醐天皇铸行"延喜通宝"。根据《钱谱》记载，延喜通宝没有使用铜金属，只使用铅金属，是模仿铜钱制造的铅钱。与铜钱相比，铅钱易于磨损，钱币表面的文字模糊不清。所以，醍醐天皇在发行"延喜通宝"的诏书中说：

如果钱文中有一字能够看明白，大家都应该使用。如果有人进行挑选或者弃之不用，则将追究责任。[①]

图12-1　延喜通宝

延喜通宝已经不是真的铜钱，而是假铜钱。朝廷造假，百姓信心丧失殆尽，不愿使用这样的假钱。

从此，古代日本的货币经济开始走向衰败。半个世纪后，公元958年（日本天德二年），村上天皇铸行了皇朝最后一

---

① 久光重平：《日本货币史概说》，孟郁聪译，法律出版社2022年版，第36页。

种钱币"乹元大宝"。"乹元大宝"比"延喜通宝"更糟糕，糟糕程度似乎超出了人们的想象，以致百姓反应激烈，商品交易时对钱币进行选择，不接受新钱的流通。于是，公元963年（日本应和三年），日本朝廷举行公卿论奏，商议解决办法，议定停止旧钱流通，只准许新钱流通。不料，百姓仍然不接受新钱。废止了旧钱，百姓又不接受新钱，结果只能让商品交换回到以物易物的原始交换方式。

根据日本史书关于花山天皇宽和二年（公元986年）大事记载：

从去年九月中旬至今，没有人用钱购买物品，货币不再流通，人民无不叹息。[①]

同时，日本朝廷表示要派遣"检非违使"，制止百姓不使用朝廷铸造的钱币而采用商品物物交换的行为。同时，为了让日本百姓使用钱币，日本朝廷命令15座大寺的80位僧侣进行了一个星期的祈祷，但也没有出现任何效果。

百姓不再相信钱币的真实性，不再使用钱币进行商品交易，日本经济便进入长达600多年的无铸币时代，直到德川幕府统治时期，日本才恢复了铜钱的制造。

谷帛为市

古代中国的无铸币时代发生在两晋时期，魏文帝曹丕命令百

---

① 久光重平：《日本货币史概说》，孟郁聪译，法律出版社2022年版，第41页。

十二 村上天皇的"公卿论奏"与魏文帝的"谷帛为市"

姓以"谷帛为市"的数十年之后。

公元220年,曹操去世,他的儿子曹丕继位魏王。就在这一年,曹丕逼迫汉献帝禅位,自己做了皇帝,国号魏,史称曹魏。此时,魏蜀吴三国的军阀割据战争尚未结束,商品经济凋敝,自然经济兴起。第二年,曹丕颁布废钱令,命令百姓以"谷帛为市",即采用谷帛作为商品交换媒介,充当货币使用《晋书·食货志》曰:。

及黄初二年,魏文帝罢五铢钱,使百姓以谷帛为市。[1]

此后不久,谷帛货币质量下降,出现了湿谷薄绢,影响了商品交易的正常进行。于是,曹魏政权按照汉朝五铢钱的形制,铸行了少量五铢钱。古代中国正式进入无铸币时代,是在数十年之后的西晋和东晋时期。

魏元帝咸熙二年(公元265年),司马炎废魏自立,国号晋,史称西晋。西晋共历4帝,享国52年。晋愍帝建兴四年(公元316年)刘曜攻占长安,俘获晋愍帝,西晋亡。西晋朝廷始终没有铸行钱币。

公元317年,司马睿在建康(今南京)重建晋政权,史称东晋。东晋朝廷也未曾铸行钱币,流通中主要沿用孙吴地区原有流通的旧钱。《晋书·食货志》曰:

晋自中原丧乱,元帝过江,用孙氏旧钱,轻重杂行,大者谓之比轮,中者谓之四文。吴兴沈充又铸小钱,谓之沈郎钱。钱既

---

[1] (唐)房玄龄:《晋书》卷二六《食货志》,中华书局1974年版,第794页。

不多，由是稍贵。[①]

晋代自从中原丧失离乱，晋元帝司马睿过江以后，使用孙氏旧有的铜钱，轻的重的掺杂使用，大的叫作"比轮"，中等的叫作"四文"。吴兴人沈充又铸造小钱，叫作"沈郎钱"。钱既然不多，便渐渐贵重起来。

晋恭帝元熙二年（公元420年），东晋被刘裕所灭。东晋共历11帝，享国104年。在西晋和东晋相继执政的总计155年间，商品经济衰退，以自然经济为主，朝廷一直没有铸行新钱，商品交换主要延用汉、魏的五铢钱、东吴孙氏钱以及各种古钱。

西晋和东晋的总计155年，被称为古代中国的无铸币时代。

基辅罗斯

古代俄罗斯最早建立的国家是基辅罗斯公国。因为基辅罗斯公国的大公是来自北欧的罗斯人。所以，在这里生活的百姓，被称为罗斯人（Rus）。

基辅罗斯公国早期使用的货币是白银称量货币，单位是格里夫纳。本土居民除了使用白银称量货币，外国钱币也渗透到了这个地区。早期的外来钱币有拜占庭帝国的索利多金币、米拉伦斯银币、阿拉伯帝国的迪拉姆银币等。

公元988年，基辅罗斯公国的大公弗拉基米尔·斯维亚托斯拉维奇（公元980~1015年在位）仿照拜占庭的索利多金币打制

[①] （唐）房玄龄：《晋书》卷二六《食货志》，中华书局1974年版，第795页。

十二 村上天皇的"公卿论奏"与魏文帝的"谷帛为市"

本国金币兹拉特尼科（Златник），其重量与当时拜占庭帝国的索利多金币相仿，在4.0~4.4克。兹拉特尼科的意思是"金子"。除了兹拉特尼科金币，弗拉基米尔·斯维亚托斯拉维奇在位期间还仿照拜占庭的银币米拉伦斯打造了本国银币"谢列布里亚尼克"（СеребряНик），谢列布里亚尼克的意思是银子。

弗拉基米尔·斯维亚托斯拉维奇大公去世后，因为政局不稳、外族入侵等原因，兹拉特尼科金币的铸造戛然而止。然而，谢列布里亚尼克银币的制造却延续下来。此后，雅罗斯拉夫大公（公元1016~1054年在位）打制了币文为"雅罗斯拉夫银币"的钱币，用于与西方进行贸易。雅罗斯拉夫大公去世后，基辅罗斯公国进入长期的无铸币时代。

公元1238年，成吉思汗的孙子拔都率领15万蒙古大军袭击了莫斯科、弗拉基米尔等重要城市。公元1240年，拔都的大军攻占基辅，基辅罗斯公国至此灭亡。

公元1242年，拔都在伏尔加河下游兴建萨莱城作为都城，建立了金帐汗国（公元1242~1502年）。蒙古语中很少有以辅音R开头的词，一般要在R前加上相应的元音O，才能读出来。所以，罗斯在蒙古语中被读作"Orus"（俄罗斯）。

从此，蒙古人对俄罗斯开始了长达200多年的统治，但仍然保持着当地公国大公的政治制度。金帐汗国向俄罗斯各地大公征收贡品。

公元1380年,莫斯科大公德米特里（公元1359~1382年在位）集结15万军队,在顿河流域与蒙古军队展开激战。蒙古军队战败,金帐汗国从此一蹶不振。正在这一时期，德米特里大公仿照蒙

095

古人的银币丹戈，制造了本国的银币——"金戛"，理论重量为0.79克。

德米特里大公制造金戛银币，结束了古代俄罗斯的无铸币时代。古代俄罗斯的无铸币时代自公元1054年雅罗斯拉夫大公去世，至公元1380年德米特里大公始造金戛银币，历时总计326年。

十三

阿纳斯塔修斯的"努姆斯"与唐肃宗的"开元通宝"

金属货币有实币和虚币之分，实币是指金属价值与名义价值相符的货币，虚币是指金属价值与名义价值不符的货币。

虚币又有两种形态：一种是实体虚币，其金属价值达不到名义价值；另一种是非实体虚币，是百分之百的虚币，没有实体存在，是一种非实体记账货币。实体虚币可以依靠法律的支持，代表实币的价值发挥货币职能；也可以依靠法律的支持，代表非实体记账货币的价值发挥货币职能。

十三 阿纳斯塔修斯的"努姆斯"与唐肃宗的"开元通宝"

努姆斯币

世界古代最典型的非实体记账货币是拜占庭帝国国王阿纳斯塔修斯（公元491~518年在位）时期的努姆斯，依靠实体虚币弗里斯代表其发挥货币职能。

拜占庭帝国的弗里斯，源于罗马帝国皇帝戴克里先（公元284~305年在位）创建的弗里斯（FOLLIS）币制。最初的弗里斯应该被称作"努姆斯"（标准狄纳里）。努姆斯这个词是努米（NUMMI）的复数形式，原本是意大利半岛上的外来民族——埃特鲁里亚人最早打制的银币。罗马共和国时期，罗马人使用努姆斯这个词来表示"标准货币"的意思。例如，将标准银币"狄纳里"称为"NUMMUS DENARRIUS"（标准狄纳里）。

公元3世纪晚期，流通了500多年的狄纳里银币出现了严重的成色不足的问题，戴克里先创建弗里斯（标准狄纳里）币制，试图用弗里斯取代狄纳里的流通。最初的弗里斯是镀银的铜币，法定重量为1/32罗马磅，即10.22克，是当时狄纳里重量的3倍，金属成分与当时狄纳里相同，1枚弗里斯法定兑换10枚狄纳里。

弗里斯被创造后，迅速成为虚币。此后的大约两百年里，弗里斯出现了大幅度减重，呈现轻重大小差距悬殊却混合在一起流通的局面，其间弗里斯的重量在1~12克。

公元498年，拜占庭帝国皇帝阿纳斯塔修斯根据弗里斯的轻重大小，将其分成四个品种，分别代表不同数量努姆斯的价值发挥货币职能。阿纳斯塔修斯采用希腊字母计数法，为轻重不同的弗里斯刻印了明确的面额，从而在轻重不同的弗里斯之间建立了法定比价。阿纳斯塔修斯统治时期的弗里斯主要有四种类型：① 1 弗里斯，背面刻印字母 M，表示价值 40 努姆斯；② 1/2 弗里斯，背面刻印字母 K，表示价值 20 努姆斯；③ 1/4 弗里斯，背面刻印字母 I，表示价值 10 努姆斯；④ 1/8 弗里斯，背面刻印字母 ∈，表示价值 5 努姆斯。

阿纳斯塔修斯 1 弗里斯铜币，于公元 498~518 年生产，重量为 17.18 克，正面图案是阿纳斯塔修斯肖像，周围币文"DN·ANASTASIVS·PP·AVG"（我主·阿纳斯塔修斯·祖国之父·奥古斯都）；背面的图案是价值标记 M，表示价值 40 努姆斯，标记上方、左方和右方皆有一十字架，下方有造币厂标记 ANTX。

图 13-1 阿纳斯塔修斯 1 弗里斯铜币

此后，弗里斯币继续减重，君士坦斯二世统治时期（公元 641~668 年），1 弗里斯币的平均重量减少至 3 克左右，价值 40 努姆斯，1 努姆斯的理论重量就只有 0.075 克。显然，这样微小的钱币是无法切割制造的。由此可见，努姆斯是一种非实体记账货币，依附于它的载体——弗里斯而存在，由弗里斯这种实体

十三 阿纳斯塔修斯的"努姆斯"与唐肃宗的"开元通宝"

虚币代表其发挥货币职能。

开元通宝

非实体记账货币在中国古代也有出现，典型的案例是唐肃宗时期（公元756~762年在位）的开元通宝，依靠实体虚币乾元重宝发挥货币职能。

公元755年，安禄山以诛杀奸臣杨国忠为名，在范阳起兵南下，发动了叛乱。第二年，唐玄宗放弃京城长安，仓皇西逃。不久，一些臣子拥戴太子李亨在灵武即位，是为唐肃宗，遥尊唐玄宗为太上皇。地方军阀割据，朝廷收不上税来，战争却需要大量钱财，朝廷只好发行虚币掠夺百姓财产，以应对战争开支。

公元758年（唐肃宗乾元元年），正值朝廷组织军队围剿安史叛军之时，铸钱使第五琦奏请朝廷铸行"乾元重宝"铜钱。

肃宗乾元元年，经费不给，铸钱使第五琦铸"乾元重宝"钱，径一寸，每缗重十斤，与开元通宝参用，以一当十。[①]

唐肃宗乾元元年，国家用费不足，铸钱使第五琦铸"乾元重宝"钱，直径为1寸，每1000枚重量为10斤，与开元通宝并行流通，1枚乾元重宝法定兑换10枚开元通宝。

开元通宝每1000枚法定重量为6斤4两，乾元重宝每1000枚法定重量为10斤。朝廷使用10斤铜制造1000枚乾元重宝，

---

① （宋）欧阳修、宋祁：《新唐书》卷五四《食货志》，中华书局1975年版，第1386页。

可以兑换总重62斤8两铜制造的10000枚开元通宝。显然，朝廷大量制造乾元重宝虚钱可以获取巨额收益。公元759年，第五琦又制造法定兑换50枚开元通宝的重轮乾元重宝，引发了严重的通货膨胀，市场上的粮食物资被官兵用大钱洗劫一空，许多百姓饿死，尸体布满道路。

于是，唐肃宗将第五琦罢官并赶出朝廷，要求百官研究钱币改制的问题。百官经过讨论，认为乾元重宝虽然问题严重，却不宜立即销毁更铸。《新唐书·食货志》云：

肃宗以新钱不便，命百官集议，不能改。上元元年，减重轮钱以一当三十，开元旧钱与乾元十当钱，皆以一当十，碾磑鬻受，得为实钱，虚钱交易皆用十当钱，由是钱有虚实之名。[①]

唐肃宗认为新钱不便流通，命令百官共同讨论，讨论的结果是不能废除新钱。上元元年（公元760年），朝廷将重轮钱减值为1枚法定兑换30枚开元通宝，开元通宝旧钱和乾元重宝当十钱，仍然保持法定兑换10枚开元通宝。买卖支付，需要用实钱；交易定价，一律用当十虚钱。从此，铜钱有了虚钱和实钱的区别。

乾元重宝是实体虚币，重轮乾元重宝更是实体虚币，分别代表10枚和30枚非实体记账货币——开元通宝的价值发挥货币职能。奇妙的是，1枚开元通宝实体旧钱，也代表10枚开元通宝非实体记账货币的价值发挥货币职能。

---

① （宋）欧阳修、宋祁：《新唐书》卷五四《食货志》，中华书局1975年版，第1387页。

十三 阿纳斯塔修斯的"努姆斯"与唐肃宗的"开元通宝"

🐉 两币比较

阿纳斯塔修斯的"努姆斯"与唐肃宗的"开元通宝",在特定条件下依靠法律支持成为非实体记账货币,两币性质相同。

非实体记账货币在金属货币发展到一定阶段后,后在法律支持下产生,是金属货币发展过程中的普遍现象。西方古代拜占庭帝国与东方古代中国唐朝,远隔千山万水;阿纳斯塔修斯国王统治时期与唐肃宗统治时期,时隔数百年,空间和时间都有着极大的差距,双方却出现了相同的货币现象。

阿纳斯塔修斯国王的努姆斯是非实体记账货币,唐肃宗的开元通宝也是非实体记账货币,两者前身都曾是实体货币,只是在特殊情况下,依靠法律支持成为非实体记账货币,由流通中的实体虚币来代表。

两币境况不同的是,阿纳斯塔修斯创建的1枚弗里斯实体虚币代表40枚努姆斯非实体记账货币的制度延续甚久,而唐肃宗创建的1枚乾元重宝实体虚币代表10枚开元通宝非实体记账货币的制度只是昙花一现,执行两年后便销声匿迹。

公元498~775年,阿纳斯塔修斯创建的弗里斯币面额制度一直延续。尽管弗里斯币在这时期有过许多变化,但是弗里斯币的面额制度却延续到君士坦丁五世时期(公元741~775年),才告结束。

公元758年,唐肃宗始铸乾元重宝。公元760年,乾元重宝实体虚钱法定兑换10枚开元通宝非实体记账货币。公元762年,唐朝修订各种钱币之间的兑换比率,便不再有开元通宝非实体记账货币的出现。由此判断，开元通宝非实体记账货币的使用仅有两年。

公元763年，安史之乱结束，唐朝废黜了虚币制度，各种大小钱币恢复到1枚兑换1枚的常态。

十四

倭马亚王朝的"狄尔汗"与加洛林王朝的"便士"

公元 7 世纪，阿拉伯伊斯兰帝国兴起，1/120 阿拉伯磅重量的德拉克马银币——倭马亚狄尔汗银币影响着整个世界。此时，西欧的法兰克王国也逐渐强大起来，创建了等于半个倭马亚狄尔汗银币的钱币——加洛林便士。不久之后，查理曼大帝被教皇加冕为"罗马人的皇帝"。查理曼大帝继续制造便士银币。但是，查理曼大帝的便士银币已经不再是半个倭马亚狄尔汗银币的重量，而是半个罗马狄纳里银币的重量。从此，查理曼大帝的便士银币制度持续影响着后世的欧洲。

十四 倭马亚王朝的"狄尔汗"与加洛林王朝的"便士"

狄尔汗银币

倭马亚王朝（公元661~750年）是阿拉伯伊斯兰帝国的第一个家族世袭王朝。倭马亚王朝的主要货币是狄尔汗银币。狄尔汗银币是古阿拉伯语对古希腊德拉克马银币的称谓。公元750年，倭马亚王朝的领土达到1340万平方千米，成为世界上领土最大的国家。因此，狄尔汗银币流传地域甚广，影响深远。直到今天，阿拉伯联合酋长国的货币单位仍然是狄尔汗（中文译作"迪拉姆"）。

古波斯地区以至中亚地区使用德拉克马银币的源头是亚历山大的入侵。公元前4世纪，亚历山大率领马其顿军队攻灭波斯帝国，占领了西亚大部分地区，从而形成了希腊化塞琉古王朝，并将希腊德拉克马银币制度带入塞琉古地区。公元前3世纪，帕提亚王朝（安息王朝）从塞琉古王朝的统治下独立出来，逐步形成了庞大帝国，也使用德拉克马银币。公元3世纪，萨珊王朝取代帕提亚王朝，继续使用德拉克马银币。公元651年，倭马亚王朝的前身——阿拉伯帝国攻占了萨珊王朝统治的土地，在那里继续使用德拉克马银币，并用古阿拉伯语称其为"狄尔汗"。

倭马亚王朝继承前萨珊王朝的德拉克马银币制度，却没有采用前萨珊王朝德拉克马的重量标准（古希腊阿提卡标准为4.37克），而是创建了2.92克的重量标准。

倭马亚王朝的核心重量单位是阿拉伯磅，重量为350克，1阿拉伯磅等于12阿拉伯盎司，1阿拉伯盎司重量为29.2克。1阿拉伯盎司重量的白银打制10枚狄尔汗银币，1枚狄尔汗银币的理论重量为2.92克。

倭马亚王朝的主要货币是狄尔汗银币。随着倭马亚王朝的军事扩张，狄尔汗银币制度被带到世界各地，极大地影响了后世各国货币制度的演变。

公元750年，阿布·阿拔斯推翻了倭马亚王朝，建立了阿拔斯王朝（公元750~1258年）。阿拔斯王朝继续制造和使用狄尔汗银币。

狄尔汗银币制度传入东斯拉夫人聚居地区，表现为蒙古金帐汗国的银币"丹戈"。

公元1240年，蒙古人在东斯拉夫人聚居地区建立了金帐汗国，开始了长达200多年的统治。金帐汗国的银币被称为"丹戈"。丹戈这个词源于波斯语，意思是微小物品的一部分，是蒙古人对阿拉伯狄尔汗银币的称谓。

蒙古大军攻入阿拔斯王国后，狄尔汗银币的含银量被大幅度降低了。

公元1258年，成吉思汗的孙子、忽必烈的弟弟旭烈兀率领蒙古大军攻陷巴格达，杀死阿拔斯王朝的末代哈里发穆斯台绥姆，随后建立了伊尔汗国。伊尔汗国继续制造和使用狄尔汗银币。公元1278~1355年，狄尔汗银币的重量在刻意的调控下从2.92克降至0.84克，银币的背面刻印了蒙古文字。

公元1380年,莫斯科大公德米特里（公元1359~1382年在位）

十四 倭马亚王朝的"狄尔汗"与加洛林王朝的"便士"

集结了15万军队,在顿河流域与蒙古军队展开激战。蒙古军队战败,金帐汗国从此一蹶不振。正在这一时期,德米特里大公仿照蒙古人的丹戈,制造了本土的银币——"金戛",理论重量为0.79克,与同期伊尔汗国狄尔汗银币的重量大体一致。此后,金戛银币发展成为俄罗斯的主要货币。

纵观狄尔汗银币的前生后世,古希腊的德拉克马传到阿拉伯成为狄尔汗,狄尔汗传到蒙古成为丹戈,丹戈传到俄罗斯成为金戛,金戛被刻印上手握长矛的骑士,就成为近代俄罗斯的长矛币——"戈比"。

加洛林便士

矮子丕平(PEPIN THE SHORT,公元751~768年在位)原本是法兰克王国墨洛温王朝的宫相,他篡夺了国王的位置,建立了加洛林王朝。矮子丕平创建了加洛林便士银币制度。加洛林便士的形制源于阿拉伯帝国倭马亚王朝狄尔汗银币,体大质薄,其重量等于半个狄尔汗银币。

法兰克王国的重量制度,1银衡磅的重量为350克,与倭马亚王朝的阿拉伯磅完全一致。加洛林王朝的便士(PENNIES)是使用便士量(PENNYWEIGHTS)白银制造的银币。也就是说,1枚便士银币的理论重量是1便士量。

法兰克王国的重量制度有金衡制和银衡制两种。

在金衡制中,1金衡磅的重量为373克,等于12金衡盎司,240金衡便士量。1金衡盎司重量为31.08克,1金衡便士量的重量为1.56克。

在银衡制中，1银衡磅的重量为350克，等于12银衡盎司，240银衡便士量。1银衡盎司的重量为29.17克，1银衡便士量的重量为1.46克。

如果把1金衡磅（373克）等分成16份，1份的重量是23.3克；如果把1银衡磅（350克）等分成15份，1份的重量也是23.3克。很明显，金衡磅与银衡磅的关系是16∶15，即1银衡磅等于15/16金衡磅。金衡磅与银衡磅之间的差异是1/16，应该是铸币税的数额。

直到近代，欧洲仍有一个很小的重量单位——格令（GRAIN），是一颗麦粒的重量，标准为0.0648克。

在金衡制中，1金衡便士量等于24格令，即0.0648克×24=1.56克；在银衡制中，1银衡便士量等于22.5格令，即0.0648克×22.5=1.46克。

加洛林王朝的铸币税是1/16，使用1金衡磅（373克）的白银制造银币，扣除1/16铸币税，就剩下1银衡磅（350克）重量的银币。1银衡磅等于12银衡盎司，1银衡盎司的重量为29.2克，可以制造20枚便士银币，1枚便士银币的理论重量为1.46克，是倭马亚王朝狄尔汗银币重量（2.92克）的一半。

矮子丕平创建的便士银币制度，1枚便士银币的理论重量为22.5格令，即1.46克，实际重量需要减去大约2.5格令的制造成本，只剩下20格令的重量，即0.0648克×20=1.30克。

重归罗马制

矮子丕平创建的加洛林便士制度，与阿拉伯帝国的倭马亚王

十四 倭马亚王朝的"狄尔汗"与加洛林王朝的"便士"

朝乃至阿拔斯王朝的狄尔汗银币制度实现了接轨,双方货币兑换十分方便。到了矮子丕平的儿子查理曼大帝统治时期,加洛林王朝的便士银币制度又重新回到罗马帝国的传统轨道。

与矮子丕平相比,查理曼大帝(CHARLES THE GREAT,公元771~814年在位)更加好大喜功,除了频繁发动战争,在建设制度方面也颇有建树。他进行了更为彻底的货币改革,将他父亲的货币制度和重量制度改回到罗马帝国的传统轨道。为什么会这样?原因是查理曼大帝更加仰慕罗马帝国的强盛,并被教皇加冕为罗马人的皇帝。作为罗马人的皇帝,当然要强调罗马制度,而不是强调与阿拉伯世界的接轨。

在重量制度方面,查理曼大帝放弃了与阿拉伯磅一致的银衡磅,创建了查理曼大帝磅,重量为409克。查理曼大帝磅与罗马磅相联系,0.8查理曼大帝磅等于1罗马磅,即1罗马磅的重量为327(409×0.8)克。

查理曼大帝创建了新的格令标准,1格令重量为0.0532克。公元793年,查理曼大帝将便士量从他父亲规定的22.5格令(每格令0.0648克)改为32查理曼大帝格令(每格令0.0532克):

0.0532克 ×32=1.703克

在这个制度下,查理曼大帝便士量的重量为1.703克;查理曼大帝盎司的重量为34.06(1.703×20)克;查理曼大帝磅的重量为409(34.06×12)克。

在货币制度方面,查理曼大帝便士银币的理论重量不再是半个倭马亚狄尔汗银币,而是半个罗马狄纳里银币。罗马狄纳里银币的理论重量是1/96罗马磅,即3.40克;查理曼大帝便士的理论重量是半个狄纳里，即 1/192 罗马磅，折合 1.70 克，约等于查理曼大帝便士量（1.703 克）。

于是，矮子丕平创建的半个倭马亚狄尔汗重量的便士银币（重量为 1.30 克）便被查理曼大帝创建的半个狄纳里重量的便士银币（重量为 1.703 克）所取代。

从此，便士这个货币单位在欧洲广泛传播，延续到了近代。

十五

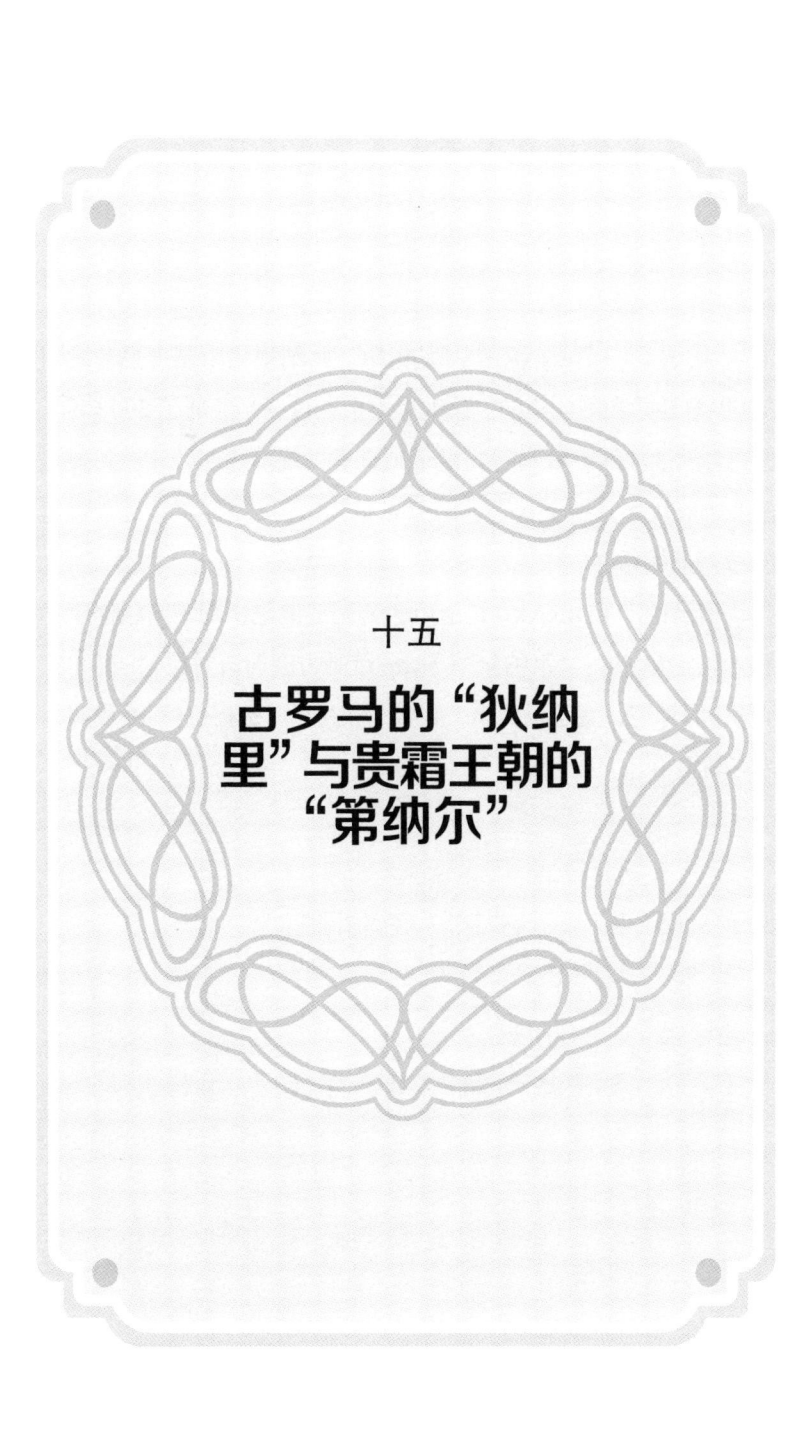

古罗马的"狄纳里"与贵霜王朝的"第纳尔"

"狄纳里"（DENARIUS）是银币。狄纳里银币制度是公元前211年罗马共和国创建的。狄纳里银币在古罗马流通了500多年，直到公元294年，罗马帝国皇帝戴克里先统治时期，才被阿根图银币所取代。狄纳里这个词的意思是"由10个构成"，是指价值10枚阿斯铜币。

"第纳尔"（DINAR）是金币。公元2世纪，贵霜王朝创建了第纳尔金币制度。"第纳尔"（διναρο）是古波斯语对拉丁词汇"狄纳里"的称谓，意思仍然是"由10个构成"，是指价值10枚四德拉克马银币。

十五 古罗马的"狄纳里"与贵霜王朝的"第纳尔"

罗马狄纳里

罗马共和国前期使用青铜称量货币,称量单位是阿斯。阿斯的标准重量为现代327克,可以分为12盎司,1盎司为27.25克。公元前289年,罗马共和国开始铸造以阿斯重量为单位的数量货币——阿斯铜币,即重量327克的青铜铸币。经历了皮洛士战争和第一次布匿战争,阿斯铜币出现了明显的减重,但其重量仍然在10盎司左右。阿斯铜币的大幅度减重,发生在第二次布匿战争期间。

公元前218年,第二次布匿战争爆发。战争使罗马共和国耗费了大量的钱财。公元前217年,阿斯铜币的含铜量已经从最初的12盎司减少到6盎司。此后,随着战争的进行,阿斯铜币的铜金属含量继续下降到4盎司、3盎司。

公元前211年,阿斯铜币进一步减重,只剩下2盎司,即原来重量的1/6。于是,为了获得更为稳定的支付手段,罗马共和国开始制造狄纳里银币,建立了狄纳里银币与阿斯铜币并行的货币制度。

狄纳里银币与阿斯铜币的比价,是根据过去德拉克马银币与阿斯铜币的法定比价制定的。在公元前211年之前,罗马共和国已经开始仿照希腊银币的规制制造和使用二德拉克马银币。二德拉克马银币与阿斯铜币的比价是1∶20,即1枚二德拉克马银币兑换 20 枚阿斯铜币。由此推论，1 德拉克马银币兑换 10 枚阿斯铜币。根据这个比价，罗马共和国开始制造本国的银币，采用 1 德拉克马的重量，制造等于 10 枚阿斯铜币价值的银币，称为"狄纳里"，意思是价值 10 枚阿斯铜币。

古罗马的主要称量单位是罗马磅，即 1 阿斯，标准重量为 327 克；古希腊的主要称量单位是阿提卡标准的德拉克马，重量为 4.37 克。古罗马的称量单位与古希腊的称量单位的比率是

327 克 ÷ 4.37 克 = 74.83

即 1 个罗马磅的重量等于 74.83 个德拉克马的重量。于是，罗马共和国建立的狄纳里银币制度规定，1 罗马磅白银除去 2.83 德拉克马的成本，打制 72 枚狄纳里银币。1 枚狄纳里银币的理论重量大约等于 1 德拉克马，即 4.54 克。

公元前 201 年，在第二次布匿战争结束时，狄纳里银币的标准重量从 1/72 罗马磅减少到 1/84 罗马磅，即从 4.54 克减少到 3.89 克。此后，狄纳里银币的重量保持了相当一段时期的稳定。

公元 64 年，罗马共和国已经转变为罗马帝国，罗马城被大火焚毁，为了重建罗马城，罗马帝国元首尼禄通过减少银币中的金属含量收敛钱财，将狄纳里银币的法定重量从 1/84 罗马磅降至 1/96 罗马磅，即 3.41 克。

此时，阿斯铜币的重量已经从最初的 327 克降到了 11 克左右，继续减重的空间不大；狄纳里银币更为轻小，只有 3 克多，减重的空间更小。所以，罗马帝国只有通过降低狄纳里银币的白银成色来铸造更多的狄纳里银币，通过让百姓手中狄纳里银币的价值缩水来实现虚币敛财的目的。于是，尼禄以后的罗马帝国各代元

十五 古罗马的"狄纳里"与贵霜王朝的"第纳尔"

首在制造狄纳里银币时,总是减少白银金属的使用,更多地加入铜金属,以便制造更多的狄纳里银币。狄纳里银币最初的成色在90%左右,到了戴克里先建立君主制成为罗马皇帝的时候(公元284年),狄纳里银币的成色已经降到大约3.6%。

公元294年,戴克里先针对狄纳里银币成色下降的问题,实行了罗马历史上最彻底的一次货币改革。在这次货币改革中,戴克里先创建了阿根图银币制度。阿根图银币的重量与狄纳里银币的重量一致,都是1/96罗马磅,即3.41克。阿根图银币的含银量为90%。1枚阿根图银币法定兑换100枚狄纳里银币。

戴克里先货币改革之后,狄纳里银币的价值只有1/100阿根图银币的价值,制造狄纳里银币便成为亏损的事情。所以,戴克里先以后的罗马帝国皇帝都不再制造狄纳里银币,狄纳里银币逐步退出了流通。

贵霜第纳尔

我国东汉时期(公元25~220年),东汉王朝、贵霜王朝、安息王朝和罗马帝国是当时世界上的四大强国。

根据《后汉书》记载,公元前1世纪,月氏被匈奴所灭,迁到大夏,将大夏分为休密、双靡、贵霜、肸顿、都密共五部翎侯管理。100多年后,贵霜翎侯丘就却攻灭另外四部翎侯,自己成为国王,建立了贵霜王朝(公元45~300年)。从此,丘就却攻打各地邻国,贵霜王朝遂成帝国。丘就却活了80多岁,去世后,他的孙子阎膏珍继承了王位。

阎膏珍(公元105~140年)在位时期创建了第纳尔金币制

度。"第纳尔"是古波斯语对拉丁词汇"狄纳里"的称谓,意思是"由10个构成"。当时贵霜王朝统治地区制造和使用四德拉克马银币,第纳尔这个词汇的意思是价值10枚四德拉克马银币。

虽然称其为第纳尔(狄纳里),它却不是银币,而是金币。第纳尔金币的重量与狄纳里银币完全不同。此时罗马帝国的狄纳里银币理论重量为1/96罗马磅,即3.41克,而贵霜王朝的第纳尔金币的理论重量却与罗马帝国屋大维的奥里斯金币相同,理论重量为1/40罗马磅,即8.175克,扣除成本及铸币税,第纳尔金币初期的平均重量为7.95克,后期逐步下降。

贵霜王朝1第纳尔金币,于公元105~140年生产,重量为7.93克,正面图案是国王戴冠面右半身像,手持权杖或斧头,肩头有火焰,下方有浮云,周围币文为希腊文"BACIΛEYC OOHMO KAΔΦICHC"(维玛·卡德费西斯国王);背面图案是湿婆手持三叉戟和狮皮裸身站像,左方为国王徽记,右方为佛教三宝徽记,周围是佉卢文。

图15-1 贵霜王朝1第纳尔金币

维玛·卡德费西斯是贵霜王朝国王阎膏珍的名字。

为什么阎膏珍在仿照罗马帝国奥里斯金币创建贵霜王朝的金

十五 古罗马的"狄纳里"与贵霜王朝的"第纳尔"

币时采用"第纳尔"(狄纳里)这个名称,其原因是贵霜王朝实行德拉克马银币与第纳尔金币并行的货币制度,为了表示金币的价值,将金币的名称确定为第纳尔,意思是价值10枚四德拉克马银币。

金银的比价

世界古代金属货币主要是由三种金属制造的三种钱币:金币、银币和铜币。三种金属或者三种钱币之间的比价被分为两种类型:①商品金属比价;②钱币金属比价。相同时间、相同地点的商品金属比价往往与钱币金属比价不同,原因是商品金属比价取决于市场定价,而钱币金属比价取决于政府对不同金属钱币之间规定的兑换比率。

商品金属比价又可以分为三种:商品金银比价、商品金铜比价、商品银铜比价。钱币金属比价也可以分为三种:钱币金银比价、钱币金铜比价、钱币银铜比价。

在罗马帝国元首屋大维建立的货币制度下,奥里斯金币的重量标准为1/40罗马磅;狄纳里银币的重量标准为1/84罗马磅;1枚奥里斯金币法定兑换25枚狄纳里银币。钱币金银比价就是

$1/84 \times 25 \div 1/40 = 11.9$

即1单位钱币黄金的价值等于11.9单位钱币白银的价值。

公元前后古代欧洲的金属金银比价围绕着1:13.3上下波动。屋大维建立的钱币制度,显然有利于银币的制造。在1单位钱币黄金的价值等于11.9单位钱币白银的条件下,使用白银制造钱币就可以获得1.4(13.3-11.9)单位白银的利益,而使用黄金制

造钱币就成为亏损的事情。

因此，罗马帝国时期制造的金币不多，银币被大量制造并成为主要的流通货币。

贵霜王朝也实行金币与银币并行的货币制度。贵霜王朝的第纳尔金币的平均重量为7.93克，出土较多；四德拉克马银币的平均重量为17.0克，非常稀少。1枚第纳尔金币的法定兑换10枚四德拉克马银币。钱币金银比价就是

17.0克 ×10÷7.93克=21.44

在这种钱币金银比价条件下，与1∶13.3的钱币金银比价相比，制造金币可以获得8.14（21.44-13.3）单位白银的利益，而制造银币则会出现巨大亏损。因此，贵霜王朝的银币迅速消失，金币充斥市场，少量铜币则成为金币的辅币。

十六

亚历山大的"金银比价"与君士坦丁的"金银比价"

金银比价有商品金银比价和钱币金银比价之分。

商品金银比价由市场决定，是黄金金属与白银金属之间的比价。钱币金银比价则是金币与银币在一定兑换率的条件下，金币所含黄金价值与银币所含白银价值之间的比价。

国家垄断钱币制造、法定钱币标准重量之前，钱币金银比价与商品金银比价大体一致。在国家垄断钱币制造和法定钱币标准重量之后，钱币金银比价与商品金银比价之间就出现了较大的差异，钱币制造因此受到了巨大的冲击。在亚历山大钱币金银比价条件的影响下，帕提亚王国专造银币，不造金币；在君士坦丁钱币金银比价条件的影响下，拜占庭帝国多造金币，少造银币。

十六 亚历山大的"金银比价"与君士坦丁的"金银比价"

钱币金银比价

金属货币流通时期，金属主要是金、银、铜三种。不同金属之间的比价有两种：一种是商品金属比价，另一种是钱币金属比价。

商品金属比价的种类有商品金银比价、商品金铜比价和商品银铜比价。

钱币之间的兑换比率，有金银钱币兑换比率；金铜钱币兑换比率和银铜钱币兑换比率，由此产生了钱币金银比价、钱币金铜比价和钱币银铜比价。

国家垄断钱币制造、法定钱币标准重量之前，钱币金银比价与商品金银比价大体一致。例如，西方世界最早的钱币是小亚细亚半岛上的吕底亚王国在公元前7世纪发明的钱币。吕底亚王国的斯塔特金币与斯塔特银币之间的兑换率是1∶10。金币的理论重量是8.33克，实际平均重量为8克；银币的理论重量是11.08克，实际平均重量为11克，钱币金银比价就是

11.08 克 × 10 ÷ 8.33 克 =13.3

这时，市场上黄金金属与白银金属之间的比价也是1∶13.3。这种情形延续了很长一段时间。当波斯帝国统治小亚细亚半岛时期，钱币金银比价与商品金银比价仍然保持大体一致。

公元前546年，波斯帝国吞并了吕底亚王国，继承了吕底亚

王国的钱币制度。又过了数十年，波斯帝国的贵族大流士通过宫廷政变当上了国王。为了镇压各地武装起义，大流士国王发行大流克金币用以支付军费。这些金币是严格依循波斯帝国舍客勒重量标准制造的，重量为8.33克，实际平均重量比吕底亚王国的斯塔特金币更接近舍客勒重量标准。

同时，波斯帝国还发行了银币，主要用于发放海军军饷。银币被称为西格罗斯（SIGLOS），即希腊语的舍客勒。1枚大流克金币等于20枚西格罗斯银币。当时商品金银比价仍然是1∶13.3，即1舍客勒黄金兑换13.3舍客勒白银，钱币金银比价也是1∶13.3。

西格罗斯银币的理论重量是：8.33克×13.3÷20=5.539克，去掉成本和铸币税，1枚西格罗斯银币的实际平均重量为5.5克。

亚历山大改制

公元前330年，亚历山大率领军队吞并波斯帝国，在伊朗高原废除了吕底亚王国传统的1∶13.3的钱币金银比价，建立了1∶10的钱币金银比价。

按照1∶10的比价制造金币和银币，在商品金银比价依旧为1∶13.3的情况下，制造13.3单位银币就可以获得3.3单位白银的超额利润。换句话说，在这种情况下，制造1单位金币就会造成3.3单位白银的亏损。此后，伊朗高原上的各王国专一制造银币，很少制造金币。

公元前323年，亚历山大去世。公元前305年，亚历山大的

十六 亚历山大的"金银比价"与君士坦丁的"金银比价"

部将塞琉古称王,建立了塞琉古王国,都城设在安条克(今土耳其境内),版图包括小亚细亚、两河流域、叙利亚、伊朗高原和部分印度地区。

塞琉古王国实行德拉克马银币与斯塔特金币并行的货币制度。在金币与银币的兑换比率上,塞琉古王国依据亚历山大的币制,采用了1:10的钱币金银比价。1枚斯塔特金币兑换10枚二德拉克马银币。斯塔特金币的理论重量为8.48克,实际平均重量为8.51克,二德拉克马银币的理论重量也是8.48克,实际平均重量也是8.51克。在这里,德拉克马采用了亚历山大新德拉克马重量标准4.24克。

然而,商品金银比价还是1:13.3。于是,在金币与银币的兑换比率上,塞琉古王国高估了银币的价值。也就是说,将白银制造成为银币,可以用较少的白银制造出较多价值的银币,换取较多价值黄金的金币。在这种制度下,制造银币获得的利益高于制造金币获得的利益。因此,塞琉古王国制造金币较少,制造银币较多,德拉克马银币便成为其主要流通货币。

此后不久,安息帝国(又称帕提亚帝国,公元前247年至公元224年)从塞琉古王国中独立出来,便完全不制造金币,只有德拉克马银币和查柯铜币流通,德拉克马继续采用亚历山大4.24克的重量标准。

公元224年,在安息帝国衰败及其末代君王阿尔达班五世阵亡之后,一个名叫阿达希尔的波斯人通过战争建立了萨珊帝国。萨珊帝国又称波斯第二帝国,继承了安息帝国的德拉克马银币制度,继续使用亚历山大4.24克的德拉克马重量标准。

君士坦丁改制

君士坦丁（公元306~337年在位）是罗马帝国晚期的皇帝，也是拜占庭帝国的奠基人。

拜占庭帝国的货币主要是君士坦丁创建的索利多金币、西力克银币和米拉伦斯银币。君士坦丁货币改制的钱币金银比价为1∶18。

公元306年，君士坦丁继位后，不再遵循罗马帝国的传统制造奥里斯金币，而是制造索利多金币。索利多金币的法定重量为1/72罗马磅，即4.54克。

公元323年，君士坦丁打败了所有的政敌，成为罗马唯一的统治者，便开始在古城拜占庭旧址上修建"新罗马"。这是一件很费钱的事情，金币不敷使用，银币又因为成色问题而不被人们信任。所以，君士坦丁开始发行代表金币价值的西力克银币。

西力克银币的重量标准与当时狄纳里银币的重量标准一样，1罗马磅白银打制96枚西力克银币，每枚重量为3.41克。

根据塞维利亚主教伊西多尔（公元560~636年）的记录，罗马帝国时期的重量制度如下：

1罗马磅=12盎司=96德拉克马

1德拉克马=3斯克鲁普尔=6奥波=18西力克

所以，1西力克的重量为0.189（327÷96÷18）克。

3.41克白银制造成1枚西力克银币用来代表0.189克黄金。那么，钱币金银比价：

3.41克白银÷0.189克黄金=18

十六 亚历山大的"金银比价"与君士坦丁的"金银比价"

即1单位黄金制造成金币的价值等于18单位白银制造成银币的价值。

公元325年,君士坦丁又生产了一种高纯度的新银币——米拉伦斯(MILIARENS)银币,生产标准为1/72罗马磅,即4.54克。这个重量标准与索利多金币的重量标准是一样的,法定1枚索利多金币兑换18枚米拉伦斯银币,钱币金银比价仍然为1∶18。

罗马帝国初期,白银替代铜金属成为主要货币。君士坦丁时期,银币经历了减重和成色大幅度下降的过程,已经出现了严重的信用问题,金币在人们眼中则成为更可靠的货币。西力克是个重量单位,等于1/24索利多金币的重量。所以,君士坦丁采用西力克银币代表1/24索利多金币的价值。由此,拜占庭帝国建立了1∶18的钱币金银比价。

在西力克银币和米拉伦斯银币出现之前,西方世界的钱币金银比价遵循两种标准:一种是古希腊1∶13.3的标准,另一种是亚历山大1∶10的标准。君士坦丁货币改制确定钱币金银比价为1∶18,显然比过去两种标准都高估了黄金的价值。也就是说,在君士坦丁确定的钱币金银比价条件下,制造银币的利益明显低于制造金币的利益。所以,后世各王国不再愿意制造银币,银币便逐渐退出了流通。索利多金币逐步替代银币成为主要的流通货币。

十七

倭马亚王朝的"米思考"与马其顿王国的"德拉克马"

公元前330年，马其顿王国的国王亚历山大率领军队吞并波斯帝国，在伊朗高原推出了一种重量为4.24克的德拉克马银币重量标准。此后，这个重量标准被伊朗高原的各王国沿袭使用，到了阿拉伯帝国倭马亚王朝统治伊朗高原时期，阿拉伯人将这个重量标准称作"米思考"（MITHCAL）。

米思考成为阿拉伯人对德拉克马重量单位称谓的同时，狄尔汗（DIRHAM）成为阿拉伯人对德拉克马货币单位的称谓，第纳尔成为阿拉伯人对德拉克马重量标准金币的称谓。

十七 倭马亚王朝的"米思考"与马其顿王国的"德拉克马"

米思考

"米思考"是波斯地区阿拉伯人对萨珊标准德拉克马重量单位的称谓。阿拉伯人最初使用米思考时,它的重量标准并不是亚历山大德拉克马重量标准4.24克,而是4.15克。

起初,亚历山大德拉克马重量标准被塞琉古王国继承,进而被帕提亚王国继承,又被萨珊王国继承,在萨珊王国时期发生了变化。

公元前323年,亚历山大去世。公元前305年,亚历山大的部将塞琉古称王,建立了塞琉古王国,都城设在安条克(今土耳其境内),版图包括小亚细亚、两河流域、叙利亚、伊朗高原和部分印度地区。公元前247年,帕尔尼首领阿萨克斯(ARSACES)取代刚从塞琉古王国宣布独立的帕提亚总督安德拉哥拉斯,进驻达赫以南的帕提亚地区,建立了帕提亚王国。阿萨克斯在中国古语中读作"安息",中国古代称帕提亚王国为"安息"。从塞琉古王国到帕提亚王国,西亚地区使用德拉克马银币,采用亚历山大德拉克马重量标准4.24克。

公元224年,在帕提亚王国衰败及其末代君王阿尔达班五世阵亡后,一个名叫阿达希尔的波斯人通过战争建立了萨珊王国。萨珊王国又称波斯第二帝国,继承了帕提亚王国的德拉克马银币制度,继续使用亚历山大德拉克马重量标准4.24克。卑鲁兹执政时期（公元 459~484 年），萨珊王国将德拉克马重量标准由 4.24 克下调至 4.15 克。

公元 651 年，阿拉伯帝国入侵萨珊王国，萨珊王国的国王耶兹格德三世逃走，萨珊王国灭亡，阿拉伯人便将萨珊标准德拉克马重量单位称为"米思考"，此时米思考的标准重量是 4.15 克。

公元 661 年，阿拉伯人建立了倭马亚王朝（公元 661~750 年），都城设在大马士革（今叙利亚首都）。

狄尔汗

狄尔汗是波斯地区阿拉伯人对古希腊德拉克马货币单位的称谓。阿拉伯人使用阿拉伯磅作为重量单位，1 阿拉伯磅重量为 350 克，等于 12 阿拉伯盎司。1 阿拉伯盎司重量为 29.2 克，打制 10 枚狄尔汗银币，即 1 枚狄尔汗银币的重量是 2.92 克。阿拉伯人称 1/10 阿拉伯盎司打制的钱币为"德拉克马"，古阿拉伯语即"狄尔汗"。

阿拉伯帝国倭马亚王朝的狄尔汗重量标准，既不是亚历山大德拉克马标准的 4.24 克，也不是萨珊王国卑鲁兹德拉克马标准的 4.15 克，更不是古希腊阿提卡德拉克马标准的 4.37 克，而是 1/120 阿拉伯磅，或 1/10 阿拉伯盎司，即 2.92 克。狄尔汗重量标准是亚历山大德拉克马标准的 70%，或者说是米思考重量标准的 70%。当时米思考的重量为 4.15 克，狄尔汗的重量为 2.92 克，两者的关系：2.92 克 ÷ 4.15 克 =0.7。

也就是说，1 枚狄尔汗银币的重量是 0.7 米思考的重量。

公元 698 年，倭马亚王朝哈里发阿卜杜勒·麦利克改革了货

十七　倭马亚王朝的"米思考"与马其顿王国的"德拉克马"

币的纹饰和度量衡，制造出独特的第纳尔金币，采用亚历山大德拉克马重量标准 4.24 克。

公元 750 年，当倭马亚王朝转为阿拔斯王朝时，其领土已经扩张到 1340 万平方千米，成为当时世界上领面积最大的国家。因此，狄尔汗银币流传地域甚广，影响深远。直到今天，阿拉伯联合酋长国的货币单位仍然是狄尔汗，中文译作"迪拉姆"。

公元 830 年，阿拔斯王朝恢复了亚历山大德拉克马 4.24 克的重量标准，作为米思考重量标准，并按照第纳尔金币重量重新定义了狄尔汗。重新定义的狄尔汗被称为"7/10"狄尔汗，代表第纳尔重量的 7/10，其重量为 2.97（7/10×4.24）克。至此，狄尔汗与米思考之间继续保持 1：0.7 的关系。即 2.97 克 ÷ 4.24 克 =0.7。

英国货币学家泰尔（TYE）说：

根据伊斯兰后期度量衡最基本的对称性，7 米斯考等于 10 狄尔汗，也相当于 1 盎司或者"乌齐也亚"。[①]

泰尔说的"1 盎司"指的是 1 阿拉伯盎司。有中国学者提出疑问："米斯考"经常被用于倭马亚王朝第纳尔金币（重量 4.24 克）的名称，狄尔汗是倭马亚王朝银币（重量 2.97 克）的名称，而 7 枚较重金币的价值显然不等于 10 枚较轻银币的价值。

泰尔在这里所说的米思考和狄尔汗都是重量单位，而非货币单位。7 米思考的重量是 29.7（4.24×7）克；10 狄尔汗的重量也

[①] ［英］罗伯特·泰尔：《世界古代货币与重量标准》，徐丽丽译，中国金融出版社 2022 年版，第 147 页。

是 29.7（2.97×10）克，泰尔的话并不错。

第纳尔

狄尔汗是倭马亚王朝的主要货币。然而，倭马亚王朝也制造金币，其单位是"第纳尔"。倭马亚王朝第纳尔金币的重量标准采用亚历山大德拉克马的重量标准 4.24 克，也称为"米思考"。

在倭马亚王朝创建之前，阿拉伯帝国处于四大哈里发相继统治下，已经开始了东征西杀、扩张领土的大业。

公元 651 年，在阿拉伯军队的不断攻击下，萨珊王国灭亡。同时，阿拉伯军队攻占了拜占庭帝国的许多地区。在前萨珊王国的领土区域，阿拉伯人制造了刻印有哈里发肖像的银币；在占领的拜占庭帝国部分领土区域，阿拉伯人制造了刻印有哈里发肖像的金币和铜币。

公元 696~698 年，倭马亚王朝哈里发阿卜杜勒·麦利克（公元 685~705 年在位）进行了货币改制，在占领的拜占庭帝国部分领地发行第纳尔金币取代原有的拜占庭索利多金币；在占领的前萨珊王国领地发行狄尔汗银币取代原有的前萨珊王国德拉克马银币。

倭马亚王朝在其占领的拜占庭帝国部分领地发行金币，没有采用拜占庭帝国金币的名称"索利多"，而是采用前萨珊王国金币的名称"第纳尔"。倭马亚王朝第纳尔金币没有采用拜占庭帝国索利多金币的法定重量 4.54 克（1/72 罗马磅），而是采用了公元前 4 世纪亚历山大制定的德拉克马重量标准 4.24 克，即米思考重量标准。

倭马亚王朝在占领的拜占庭帝国部分领地发行金币，既不采

十七　倭马亚王朝的"米思考"与马其顿王国的"德拉克马"

用拜占庭帝国金币的名称，又不采用拜占庭帝国金币的重量标准，原因是拜占庭帝国仍然存在，两国处于对峙局面，倭马亚王朝的币制需要与拜占庭帝国的币制相区别。倭马亚王朝发行金币采用了前萨珊王国金币的名称"第纳尔"，原因是萨珊王国已经被消灭，倭马亚王朝的货币名称不再需要与萨珊王国的货币名称相区别。

尽管采用了前萨珊王国金币的名称，但是倭马亚王朝发行金币却没有采用前萨珊王国金币的重量标准。

前萨珊王国第纳尔金币的重量标准，继承贵霜王朝金币的重量标准，理论重量为 1/40 罗马磅，即 8.175 克，初期平均重量为 7.93 克。公元 3 世纪初，萨珊王国攻占了贵霜王朝的大面积领土，继承了贵霜王朝的第纳尔金币制度。直到萨珊王国被奥斯曼哈里发的军队攻灭之前，萨珊王国第纳尔金币的重量仍在 7 克以上。

倭马亚王朝第纳尔金币的法定重量为 4.24 克，显然没有采用萨珊王国第纳尔金币的重量标准，而是采用了公元前 4 世纪亚历山大制定的德拉克马重量标准。

同时，倭马亚王朝狄尔汗银币并没有采用前萨珊王国德拉克马的重量标准——古希腊阿提卡标准 4.37 克，而是采用 1 阿拉伯盎司的重量标准 2.92 克（阿拔斯王国时期改为 2.97 克）。

米思考和狄尔汗都是阿拉伯人对德拉克马的称谓。其中，米思考是指德拉克马重量单位，狄尔汗是指德拉克马货币单位。同时，作为德拉克马标准重量的米思考，又是倭马亚王朝第纳尔金币的重量标准。

十八

加洛林王朝的"磅"与基辅罗斯公国的"格里夫纳"

加洛林王朝"磅"的重量为 409 克,基辅罗斯公国"格里夫纳"的重量也是 409 克,两者之间的关系值得我们关注。

十八 加洛林王朝的"磅"与基辅罗斯公国的"格里夫纳"

加洛林磅

法兰克王国加洛林王朝创建初始，银衡磅的重量与当时阿拉伯帝国阿拔斯王朝的阿拉伯磅一致，都是350克。

公元476年，西罗马帝国灭亡。经过数年战乱，公元481年，克洛维在巴黎建立了法兰克王国。克洛维建立的家族世袭王朝，史称"墨洛温王朝"（公元481~751年）。

矮子丕平出生在法兰克王国的权臣家庭，祖父和父亲都是墨洛温王朝晚期权倾朝野的宫相。公元751年，矮子丕平继任宫相后，在罗马教皇的支持下，把墨洛温王朝的末代国王希尔德里克三世送进修道院，自己作了国王（公元751~768年在位），由此建立了加洛林王朝（公元751~911年）。罗马教皇派大主教来到巴黎为矮子丕平加冕。

矮子丕平统治时期，法兰克王国的重量制度以及货币制度，与当时统治地域最为广袤的国家——阿拉伯帝国阿拔斯王朝的相关制度实现了接轨。

法兰克王国的重量制度有金衡制和银衡制两种。

在金衡制中，1金衡磅的重量为373克，等于12金衡盎司，240金衡便士量。1金衡盎司的重量为31.08克，1金衡便士量的重量为1.55克。

在银衡制中，1银衡磅的重量为350克，等于12银衡盎司，

240银衡便士量。1银衡盎司的重量为29.17克，1银衡便士量的重量为1.46克。

如果把1金衡磅（373克）分成16份，1份的重量是23.3克；如果把1银衡磅（350克）分成15份，1份的重量也是23.3克。很明显，金衡磅与银衡磅的关系是16∶15，即1银衡磅等于15/16金衡磅。金衡磅与银衡磅之间的差异是1/16，应该是铸币税的数额。

便士银币是使用银衡便士量白银制造的银币。也就是说，1枚便士银币的理论重量是1银衡便士量，即1.46克。

当时，阿拉伯帝国阿拔斯王朝的重量单位是阿拉伯磅，重量为350克，与加洛林王朝的银衡磅完全一致。1阿拉伯磅等于12阿拉伯盎司，1阿拉伯盎司的重量为29.17克，可以制造10枚狄尔汗银币，1枚狄尔汗银币的理论重量为2.92克，正好是矮子丕平便士银币重量（1.46克）的2倍。

在重量制度方面，法兰克王国的银衡磅与阿拉伯帝国的阿拉伯磅一致；在货币制度方面，法兰克王国的便士银币重量是阿拉伯帝国狄尔汗银币重量的1/2。于是，加洛林王朝创建初始的重量制度和货币制度都与阿拉伯帝国实现了接轨。

查理曼磅

公元768年，矮子丕平驾崩。此时的法兰克王国已经是西欧最强大的国家。矮子丕平的儿子——查理曼大帝统治时期，法兰克王国的重量制度发生了重大变化，1银衡磅从350克改为409克。

十八 加洛林王朝的"磅"与基辅罗斯公国的"格里夫纳"

查理曼大帝能征善战，在位44年，打了55场战争，控制了大半个欧洲。据说，在天使的指引下，他担负起了保卫基督教世界的重任，因此在扑克牌里的形象为红桃K。公元800年，罗马教皇利奥三世加冕查理曼大帝为"罗马人的皇帝"。查理曼大帝在行政、司法、军事制度以及经济制度等方面都有杰出的建树，并大力发展文化教育事业。他推进了欧洲文明，将文化重心从地中海希腊一带转移到欧洲莱茵河附近，因此被后世人们尊称为"欧洲之父"。

如果说矮子丕平的重量制度和货币制度与阿拉伯帝国阿拔斯王朝的相关制度实现了接轨，那么，他的儿子查理曼大帝的重量制度和货币制度就是又回到了罗马帝国的传统轨道上。为什么会这样？原因很简单，查理曼大帝被教皇加冕为罗马人的皇帝，当然要强调罗马制度，而不是强调与阿拉伯世界的接轨。

在重量制度方面，查理曼大帝放弃了与阿拉伯磅一致的银衡磅，创建了查理曼大帝磅，重量为409克。查理曼大帝磅与罗马磅相联系，0.8查理曼大帝磅等于1罗马磅，即1罗马磅的重量为327（409×0.8）克。

在货币制度方面，查理曼大帝便士银币的理论重量不再是半个阿拉伯帝国的狄尔汗。阿拉伯帝国狄尔汗银币重量为2.92克，矮子丕平的便士银币是半个狄尔汗的重量，即1.46克。查理曼大帝便士银币的理论重量改为罗马帝国的半个狄纳里。罗马帝国狄纳里银币的理论重量是1/96罗马磅，即3.40克；查理曼大帝便士银币的理论重量是半个狄纳里，1/192罗马磅，即1.70克。

格里夫纳

格里夫纳是古代俄罗斯的重量单位，有人将其称为"俄罗斯磅"。

古代俄罗斯只有留里克王朝和罗曼诺夫王朝两个王朝。留里克王朝最初设在诺夫哥罗德，很快迁到基辅，被称为基辅罗斯公国。当时，基辅罗斯公国使用白银称量货币，单位是格里夫纳。

古罗马历史学家普林尼在《自然史》一书中提到，在维斯瓦河一带居住着维内德人；古罗马历史学家塔西陀在《日耳曼尼亚志》一书中也提到，居住在日耳曼人东边的居民是维内德人。

当哥特人进入维内德人聚居地区时，一些维内德人被哥特人抓去卖到罗马，被称为"斯拉夫"。斯拉夫在拉丁语中的意思是"奴隶"。久而久之，维内德人消失了，出现了一个被称为"斯拉夫"的民族。

自公元1世纪起，斯拉夫民族逐步分为两大分支——东斯拉夫和西斯拉夫。东斯拉夫包括俄罗斯人、乌克兰人和白俄罗斯人，西斯拉夫包括波兰人、捷克人、斯洛伐克人、塞尔维亚人、克罗地亚人、斯洛文尼亚人、黑山人、保加利亚人。在欧洲民族大迁徙时期，斯拉夫人大批南迁，进入多瑙河流域和巴尔干半岛，并同化了当地居民，至公元六七世纪，形成南斯拉夫人。

东斯拉夫人有许多部落，相互攻伐。于是，东斯拉夫人求助于北方维京人。

公元8~10世纪，维京人活跃在北欧地区，芬兰人称他们为罗斯人，意思是北方人，或者是精通航海的人。据说，维京人是

十八　加洛林王朝的"磅"与基辅罗斯公国的"格里夫纳"

海盗民族，具有较强的战斗力。此外，他们还能经商，被称为瓦良格人，意思是商人。

公元9世纪，东斯拉夫的诺夫哥罗德贵族请来北方的维京人，帮助作战。一伙被称为罗斯人或瓦良格人的军队，首领名叫留里克，来到诺夫哥罗德。这个留里克来了就不走了，自命为诺夫哥罗德大公，在这里开启了长达700多年的"留里克王朝"。

诺夫哥罗德不仅是留里克王朝的发祥地，也是东西方经济交往的重要枢纽。诺夫哥罗德在俄罗斯最北端，西临黑海和芬兰湾，沃尔霍夫河穿城而过，来自西欧法兰克王国的白银源源不断地流到这里。

公元9世纪，法兰克王国重量制度的核心单位是查理曼大帝磅，重量为409克。诺夫哥罗德的重量制度与法兰克王国的重量制度实现了接轨，格里夫纳与查理曼大帝磅完全一致，重量为409克。

这时，人们开始将格里夫纳银锭分割成两部分，每部分称为"半卢布"。卢布这个词的意思是"分割"，而分割的结果是半卢布。于是，分割前的银锭就被称为卢布。从此，格里夫纳银锭又被称为"卢布"。

此时，基辅罗斯公国还没有大规模使用金属数量货币——钱币，格里夫纳是白银称量货币单位。格里夫纳虽然不是数量货币，其作为价值尺度和流通手段的货币职能，却有法律明文规定。公元11世纪，雅罗斯拉夫大公（公元1016~1054年在位）统治时期，颁布了《雅罗斯拉夫法典》（也称《罗斯法典》），共18个条文，其中16处使用白银称量货币，例如：

如果某人致伤他人的手，使手断落，或者丧失机能，凶手应支付四十格里夫纳。[①]

此后，格里夫纳并没有从称量货币单位发展成为数量货币。公元13世纪，蒙古大军入侵，在俄罗斯建立了金帐汗国，发行"丹戈"银币。公元14世纪，莫斯科大公德米特里在顿河流域打败蒙古军队，并仿照丹戈制造了本土的银币——"金戛"。金戛的理论重量为0.79克。

[①] 王钺译注：《罗斯法典译注》，兰州大学出版社1987年版，第7页。

十九

村上天皇的"乾元大宝"与亨利八世的"泰斯通"

平安时代上半叶（公元794~958年）是日本古代中央集权君主专制时期商品经济发展的顶峰。几代天皇陆续发行了9种铜钱，多是以一当十的虚钱，其成色不断下降。到了村上天皇统治时期（公元946~967年），干脆使用铅金属代替铜金属，制造假铜钱，遭到百姓的抵制，日本从此进入长达600年的"无铸币时代"。都铎王朝（公元1485~1603年）是英格兰古代君主专制历史上的黄金时期，亨利八世使用铜金属代替银金属，制造"泰斯通"银币，同样遭到百姓的抵制。亨利八世的女儿伊丽莎白一世女王委托财务顾问托马斯·格雷欣爵士实行收购劣币的措施，扭转了劣币泛滥的局面，使英格兰的货币流通恢复了正常。

十九　村上天皇的"乾元大宝"与亨利八世的"泰斯通"

乾元大宝

乾元大宝是平安时代日本朝廷发行的最后一种铜钱，名义为铜钱，却完全使用铅金属制造。日本古代朝廷制造假铜钱，并非始于乾元大宝，而是始于前一种铜钱——延喜通宝。

公元907年（日本延喜七年），醍醐天皇铸行"延喜通宝"。根据《钱谱》记载，延喜通宝并没有使用铜金属，而是模仿铜钱使用铅金属制造假铜钱。比较铜钱，铅钱易于磨损。所以，醍醐天皇在发行延喜通宝的诏书中说：

如果钱文中有一字能够看明白，大家都应该使用。如果有人进行挑选或者弃之不用，则将追究责任。[①]

延喜通宝已经不是真的铜钱，而是假铜钱。朝廷造假，百姓信心丧失殆尽，不愿接受这样的假钱。

从此，日本古代的货币经济开始走向衰败。过了半个世纪之后，公元958年（日本天德二年），村上天皇铸行了皇朝最后一种钱币"乾元大宝"。

图19-1　延喜通宝

---

① 久光重平：《日本货币史概说》，孟郁聪译，法律出版社2022年版，第36页。

147

这时，延喜通宝已经流通了半个多世纪，这是个非常糟糕的钱币。乾元大宝比延喜通宝更为糟糕，糟糕程度超出了我们的想象，以致百姓反应激烈，交易时对钱币进行选择，不接受新钱的流通。于是，日本朝廷进行公卿论奏，商议解决办法。

公元963年（日本应和三年），日本朝廷进行公卿论奏，议定停止旧钱流通，只准许新钱流通。旧钱退出，只剩下新钱，百姓不接受也不行。不料，百姓仍然不接受新钱。没有了旧钱，百姓又不接受新钱，结果商品交换只能回到以物易物的原始方式。

公元984年（日本宽和二年），史书记载：

从去年九月中旬至今，没有人用钱购买物品，货币不再流通，人民无不叹息。[①]

同时，官方表示要派遣"检非违使"，制止不用钱而用物物交换的行为。同时，为了让天下民众使用钱币，朝廷命令15座大寺的80位高僧进行了一个星期的祈祷，却没有收到任何效果。

平安时代上半叶，日本朝廷发行多种以一当十的虚钱，又大幅度降低铜钱的金属成色，终于将自己的货币经济彻底搞垮，从此进入长达600年的无铸币时代。

泰斯通币

泰斯通（TESTOON）是一种大个儿的银币，相当于12便士

---

① 久光重平：《日本货币史概说》，孟郁聪译，法律出版社2022年版，第41页。

十九 村上天皇的"乹元大宝"与亨利八世的"泰斯通"

或 1/20 磅。在亨利八世的儿子爱德华六世（公元 1547~1553 年在位）继位时，这种泰斯通银币被改称为"先令"。

公元 1489 年，亨利七世开始发行泰斯通银币。然而，泰斯通银币成色的大幅度下降，发生在亨利八世统治时期。

公元 1540 年 5 月，英格兰国王亨利八世（公元 1509~1547 年在位）颁布密诏，命令制造降低成色的银币和金币。新造的银币和金币都没有被直接投入市场，而是被窖藏在威斯敏斯特宫的珍宝塔（JEWEL TOWER）。

公元 1544 年 5 月，因为造币厂没有足够的白银和黄金用来造币，英格兰王室开始将窖藏珍宝塔的降低成色的银币和金币投入市场，从而拉开了新一轮钱币大贬值的剧幕。

两个月后，有商人发现新币成色不足，所以只肯出低价兑换。同时，因为这些不足值钱币的存在，相同面额的足值钱币被人们保藏不用，从市场上消失了。

此后，英格兰的金币和银币迅速贬值。公元 1545 年，金币的含金量从 23K 降至 22K，次年又降至 20K；公元 1546 年，银币的含银量降至 33%，银币的含银量在公元 1540 年是 50%，1540 年之前则是 92.5%。

亨利八世统治晚期的造币，大幅度减少用银量，增加用铜量，新造的泰斯通银币仅仅是表面上包了一层银，很容易脱落，露出里面的铜。泰斯通银币正面的图案是亨利八世的肖像，当钱币表面的白银脱落时，钱币最凸出的部位——亨利八世肖像的鼻子，就变成铜色。为此，亨利八世得到了一个绰号——"老铜鼻子"（Old Coppernose）。

公元1547年，亨利八世去世，他的儿子爱德华六世继位。爱德华六世统治时期，英格兰继续实行钱币贬值政策。公元1551年，银币的成色降至25%。

钱币大贬值在短期内给英格兰王室带来了收益，同时造成物价飞涨。尽管王室颁布谕旨禁止哄抬物价，但市场规律使然，恶性通货膨胀无法遏制。当时王室的土地均已出租并签订长期租约，王室收到的租金也是贬值的钱币，因此导致王室收入锐减。为了扭转财务危局，王室不得不发行了更多的贬值钱币，以致形成了恶性循环，并使民众对流通中的钱币失去信心，商品交换逐步退回到以物易物的原始方式。

收购劣币

公元1553年，爱德华六世去世，他的同父异母姐姐玛丽通过宫廷政变取得王位。然而，玛丽也不长寿，5年后就去世了，她同父异母的妹妹伊丽莎白一世（公元1558~1603年在位）继位。伊丽莎白一世统治时期，英格兰实行了收购劣币的措施，货币流通恢复了正常状态。

此时的泰斯通银币已经被称为"先令"（shilling）。"先令"一词源自古英语词汇scilling，意思是"分离"。1磅等分为20份，每份就是1先令。1先令等于12便士。便士作为重量单位，被称为"便士量"。便士是使用1便士量白银制造的银币。此时，泰斯通（先令银币）和便士银币都已经成为成色低下的劣币。

伊丽莎白一世女王即位后意识到劣质的钱币不仅损害了民众

十九　村上天皇的"乹元大宝"与亨利八世的"泰斯通"

对王室的信任，也给英格兰的对外贸易造成了重大伤害，因为外国商人拒绝接受英格兰钱币作为支付手段。女王确信，有必要恢复大贬值前的高质量钱币。于是，女王责成财务顾问托马斯·格雷欣爵士全权负责此事。

托马斯指出，高纯度的贵金属钱币——良币通常会被民众窖藏，退出流通，而贬值的法偿钱币——劣币则会被用来清偿债务。他指出的这种现象，被后世称为"格雷欣法则"。

于是，他提出建议：制造良币用来收回成色不足的钱币，以防止良币退出流通。

托马斯实行制造良币用来收购劣币的措施，取得了圆满的成功。他不仅恢复了英格兰货币流通的健康，而且在这次收购过程中为英格兰王室赚取了5万磅白银的净利润。

此时，银币的标准纯度是92.5%。然而，英格兰银币的成色已经降至25%。于是，托马斯制造92.5%成色的良币，法定兑换4枚25%成色的劣币。良劣银币的重量一致，托马斯就用92.5%重量的白银换取了100%重量的白银，获得了7.5%重量白银的差额，用来充当制造成本。这个成本分摊在每枚劣币上，更加微不足道。尽管付出了一定成本，托马斯的操作仍有盈余，最后产生出5万磅白银的净利润。

从英格兰王室的角度来看，托马斯的措施恢复了英格兰货币流通的健康，为英格兰王室赚取了5万磅白银的净利润。从百姓的角度来看，每枚劣币换取良币的成本很小，兑换价格基本合理。1.875%重量白银的差价，相对25%成色的劣币，不是巨额差价，因此没有引发百姓大规模盗铸新型银币（良币）。所以，我们可以认定，托马斯实行的使用良币收购劣币的价格是合理的。

除了收购价格合理，法律强制使用良币，也是使劣币流通迅速转向良币流通不可或缺的手段。

二十

楚庄王的"巽字铜贝"与淳仁天皇的"万年通宝"

公元前 7 世纪末期，楚国已经开始由国家垄断铸行铜钱——巽字铜贝。楚庄王（公元前 613 年至公元前 591 年在位）实行货币改革，对楚国流通中的铜钱提高名义价值，很快遭遇失败。在令尹孙叔敖的建议下，楚庄王废黜了"以小为大"的法令，使市场恢复了正常。1300 多年后，公元 8 世纪，日本淳仁天皇（公元 758~764 年在位）实行货币改革，发行了提高名义价值的新铜钱——"万年通宝"，与旧钱"和同开珎"并行，以一当十，即 1 枚万年通宝法定兑换 10 枚和同开珎，运行了 10 多年后才被废止。

二十 楚庄王的"巽字铜贝"与淳仁天皇的"万年通宝"

以小为大

楚庄王货币改革的事情被记载在《史记·循吏列传》中：

庄王以为币轻，更以小为大，百姓不便，皆去其业。市令言之相曰："市乱，民莫安其处，次行不定。"相曰："如此几何顷乎？"市令曰："三月顷。"相曰："罢，吾今令之复矣。"后五日，朝，相言之王曰："前日更币，以为轻，今市令来言曰，市乱，民莫安其处，次行之不定。臣请遂令复如故。"王许之。下令三日而市复如故。①

楚庄王认为钱贱物贵，就下令将小钱当作大钱使用。百姓因其产品的价格大幅度下跌，纷纷失业。市场主管官员向孙叔敖报告："市场价格混乱，百姓不能营业，下一步不知他们会去什么地方。"孙叔敖说："这情形有多久啦？"市场管理官员回答："3个月了。"孙叔敖说："那好吧，我现在就让旧法恢复。"于是，5天之后朝议时，孙叔敖对楚庄王说："前些日子改革币制，原因是钱贱物贵。现在市场管理官员来说，市场价格混乱，百姓不能继续营业，下一步不知他们会去什么地方。所以臣请求取消这次货币改制。"楚庄王采纳了孙叔敖的意

---

① （汉）司马迁：《史记》卷一一九《循吏列传》，中华书局1959年版，第3100页。

见。恢复货币旧制的命令下达3天之后，市场便恢复了原来的稳定。

有学者认为，"庄王以为币轻，更以小为大"，是说楚庄王认为当时的铜钱个头儿小，更铸大钱。

其实不然，"庄王以为币轻"是说楚庄王认为铜钱的价值低了，应该提高。"更以小为大"并不是改铸大钱，而是以小钱当作大钱使用，提高了铜钱的名义价值。

当时的客观情况是，政府垄断铸造铜钱，百姓生产各种商品。政府使用其铸造的铜钱向百姓购买商品，自然觉得铜钱价值应该提高。

我们想象一下，改变铜钱的轻重贵贱，如何会使百姓"皆去其业"并"莫安其处，次行不定"？

楚国自占领铜绿山以来，政府垄断铜材，自然也垄断了铜钱的铸造。楚庄王"以为币轻"，自然认为楚国政府铸造的铜钱价值定低了，而不会认为其铸造使用的铜材投入少了。所以，楚庄王采取"以小为大"的措施，即下令将铜钱的法定价值从小改为大。换句话说，令商品的铜钱价格下降，让铜钱的货币购买力上升。各种商品价格下降，百姓出售产品亏损，才会"皆去其业"以及"莫安其处，次行不定"。

百姓无法生存，欲将行往他国，楚庄王当然不能忍受。在令尹孙叔敖的请求下，楚庄王立刻收回成命，恢复了铜钱原来的法定价值，市场也就立刻回归稳定。如果楚庄王不是改变铜钱名义价值，而是更铸大钱，后来又听从孙叔敖的建议改铸小钱，3天使市场货币流通恢复原状是不可能的。

二十　楚庄王的"巽字铜贝"与淳仁天皇的"万年通宝"

以一当十

1300多年后，日本也发生了类似的事情。

公元8世纪中期，日本已经开始由国家垄断铸行铜钱——"和同开珎"。公元760年（日本天平宝字四年）三月，日本淳仁天皇下达敕令：

钱之为用，行之已久，公私要便，莫甚于斯。顷者私铸稍多，伪滥既半，顿将禁断，恐有骚扰。宜造新样与旧并行，庶使无损于民，有益于国。其新钱文曰万年通宝，以一当旧钱十。[①]

铜钱的使用已经历时甚久，于公于私都提供了最大的方便。然而，目前百姓私铸铜钱很多，伪造滥铸的铜钱达到流通中铜钱总数的一半。一下子将这些伪造滥铸的铜钱废止，对百姓产生的影响较大。应该铸造新钱与旧钱并行，可以既不损害百姓的利益，又有利于国家。制造的新钱铭文"万年通宝"，1枚万年通宝兑换旧钱10枚。

此时，日本流通中的铜钱铭文"和同开珎"，重量为1匁（音：mangmi）。当时日本的1匁即中国唐朝的1钱，亦即1/10两。唐朝1枚铭文"开元通宝"的铜钱，法定使用1/10两铜。根据出土实物测量，唐朝初期1枚开元通宝铜钱的重量为4.5克。当时日本1枚法定重量1匁的和同开珎铜钱，实测重量也是4.5克。这个重量相当于现代日本的1.2匁。现代日本1匁的重量只有3.75克。

[①] ［日］泷本诚一：《日本货币史》，马兰、武强译，中国金融出版社2022年版，第13页。

据说，万年通宝的重量比和同开珎多20%，即重量为1.2匁。即便如此，1枚重量为1.2匁的万年通宝铜钱，法定兑换10枚重量为1匁的和同开珎铜钱，也是不合理的。万年通宝铜钱显然不是依靠币材本身铜金属的价值发挥货币职能，而是依靠发行者——日本朝廷的信用和法律强制发挥货币职能的。

图20-2 万年通宝

公元765年（日本称德天皇神护元年），日本朝廷铸行"神功开宝"铜钱，重量为1.05匁。《续日本纪》记载：

再铸新钱，钱文曰：神功开宝。与以前的新钱一并发行。[①]

以上所述"以前的新钱"，指的是公元760年发行的新钱——万年通宝。这句话的意思是，新造的神功开宝与5年前发行的万年通宝的价值相同，1枚神功开宝也等于10枚和同开珎。这个局面从此又维持了7年。

公元772年（日本光仁天皇宝龟二年），日本朝廷下令废止了上述钱币比价，让和同开珎与万年通宝、神功开宝三种铜钱等价并行流通。

成败分析

楚庄王用"以小为大"的法令提高铜钱的名义价值，百姓"莫安其处，次行不定"，准备逃离楚国。于是，在令尹孙叔敖的建议下，

---

① ［日］久光重平：《日本货币史概说》，孟郁聪译，法律出版社2022年版，第30页。

二十 楚庄王的"巽字铜贝"与淳仁天皇的"万年通宝"

楚庄王废黜了提高铜钱名义价值的法令，3天后，市场恢复了以往的稳定。

淳仁天皇"以一当十"铸行万年通宝，与旧钱和同开珎并行。百姓虽然能够接受这种制度安排，但这种制度仍然不能持久。

为什么楚庄王"以小为大"的法令不能实施，而淳仁天皇"以一当十"的法令能够实行十多年。两者的区别在于：楚庄王"以小为大"的法令，是将楚国全部铜钱都提高了名义价值，百姓生产的各种商品全部跌价导致百姓无法正常生产和交换。淳仁天皇"以一当十"的法令，是让新旧铜钱并行，旧钱购买商品的价格没有大幅度变化，而新钱代表10个旧钱的价值进入流通。因此，百姓使用旧钱购买商品的价格没有发生大幅度变化，而且也可以使用新钱"以一当十"缴纳官府的租税，生产和交换仍能正常进行。

淳仁天皇"以一当十"、新旧铜钱并行的制度虽然取得暂时的成功，但是时间久了，旧钱作为实钱或者良币被百姓收藏，退出流通；新钱作为虚钱或者劣币，金属含量不足，导致商品价格上涨。因此，十几年后，光仁天皇就诏令废黜"以一当十"的法令，让新旧铜钱等价并行流通。

实钱与虚钱并行是保持虚钱价值稳定的重要制度。然而，当时的日本朝廷并没有能够有效制止实钱退出市场，避免劣币驱逐良币现象的发生。于是，由于实钱的退出，虚钱价值大幅度下降，市场钱币流通总量严重不足，日本朝廷不得不废止了1枚新币兑换10枚旧币的法定价格，让新旧钱币等价并行流通。然而，光仁天皇改变新旧钱币比价的方式，带来了更为严重的问题。

此后，日本朝廷继续发行"以一当十"的新钱。公元772~958年，共发行了9种新钱，几乎都是"以一当十"的新钱，平均每20年发行一次。日本朝廷每次发行新钱，都要将以前的各种旧钱变为等价，即除了上次发行的新钱，前各届旧钱的名义价值都提高10倍。

于是，百姓把各种旧钱都收藏起来等待升值，或者将旧钱销毁重铸为价值高10倍的新钱。于是，市场上存留的优质铜钱越来越少，私铸的铜钱越来越多，造成劣币泛滥，物价飞涨。

公元983年，日本百姓不再使用铜钱，商品交换退回到以物易物的原始方式，日本从此进入长达600多年的"无铸币时代"。

二十一

拜占庭帝国的"西力克"与阿拉伯帝国的"米思考"

拜占庭帝国最基本的重量单位是"西力克"，或者称作"克拉"。拜占庭帝国使用 1/96 罗马磅的白银制造银币，代表 1 西力克重量黄金的价值行使货币职能，这种银币就被称作"西力克"。阿拉伯帝国入侵萨珊王国的时候，将萨珊标准的德拉克马重量单位称作"米思考"，并用米思考重量标准制造金币，这种金币被称作"第纳尔"。米思考重量单位与西力克重量单位的连接，采用的是叙利亚克拉（西力克）重量标准，20 克拉或者说 20 西力克的重量等于 1 米思考。

二十一 拜占庭帝国的"西力克"与阿拉伯帝国的"米思考"

🌀 西力克

西力克（SILIQUAE）在拉丁语中的意思是"豆荚"，作为重量单位是0.189克。

根据塞维利亚主教伊西多尔（公元560~636年）的记录，罗马帝国时期的重量单位如下：

1罗马磅（POUND）=12盎司（OUNCES）=96德拉克马（DRACHM）

1德拉克马=3斯克鲁普尔（SCRUPLE）=6奥波（OBOL）=18西力克

1罗马磅的重量为327克，1西力克的重量为0.189（327÷96÷18）克。

"西力克"这个词是指地中海地区生长的角豆树的种子——稻子豆（CAROBSEED）。稻子豆形状大小整齐，具有近乎一致的重量。所以，稻子豆的重量被用作标准重量的单位。这个重量单位就是大家都熟悉的重量单位"克拉"。

目前，克拉仍旧作为重量单位被使用，主要用于度量钻石的重量，1克拉的重量为200毫克。然而，在罗马帝国时期，1克拉的重量只有189毫克，也就是1西力克。

罗马帝国晚期，君士坦丁皇帝创建了西力克银币制度，用1/96罗马磅（3.41克）的白银制造银币，代表1克拉或者1西力克（0.189克）重量的黄金行使货币职能。

西力克银币制度被拜占庭帝国所采用。由于西力克银币制度造成钱币金银比价的大幅度改变，亚历山大制定的1∶10的钱币金银比价被君士坦丁制定的1∶18的钱币金银比价所替代，制造银币便成为亏损的事情。例如，制造相同重量的金币和银币，根据亚历山大的制度，10枚银币兑换1枚金币；根据君士坦丁的制度，18枚银币才能兑换1枚金币。于是，拜占庭帝国很少制造银币，金币便成为拜占庭帝国的主要货币。

拜占庭帝国的金币被称为"索利多"，法定重量为1/72罗马磅（4.54克），即24西力克或者24克拉的重量。

公元10世纪，为了强调索利多金币是足重的，拜占庭帝国发行了"希斯塔麦伦"（HISTAMENON）金币。在希腊语中，"HISTA"的意思是"足重"，"希斯塔麦伦"的意思就是"足重的金币"。

公元11世纪，拜占庭帝国金币的成色出现明显的下降。科穆宁王朝（公元1081~1185年）初期，希斯塔麦伦金币变成金银合金币，黄金纯度降至8K，即黄金含量从24克拉降至8克拉。

此后，拜占庭帝国采取措施，将金币的成色再次提高到20克拉以上。

米思考

米思考是古阿拉伯语对德拉克马重量单位的称谓。

公元前330年，马其顿王国的国王亚历山大率领军队吞并波斯帝国，在伊朗高原推出了4.24克德拉克马（DRACHMA）银币

二十一 拜占庭帝国的"西力克"与阿拉伯帝国的"米思考"

重量标准。此后，这个重量标准被伊朗高原的各个王国沿袭使用。

起初，亚历山大德拉克马重量标准被塞琉古王国继承，进而被帕提亚王国继承，又被萨珊王国继承。亚历山大德拉克马重量标准在萨珊王国时期发生了变化。萨珊王国卑鲁兹执政时期（公元459~484年），4.24克德拉克马重量标准被下调至4.15克。

公元7世纪，阿拉伯帝国崛起，将德拉克马称作"米思考"，并在倭马亚王朝时期将其恢复到亚历山大德拉克马重量标准。

倭马亚王朝属于阿拉伯帝国，其前身是公元622年伊斯兰教先知穆罕默德在麦地那建立的伊斯兰教国家政权。

公元632年，穆罕默德去世，随即爆发了"哈里发"继承人之争。哈里发是阿拉伯语音译，意思是代理人、继承人。穆罕默德之后，有4位哈里发相继成为他的继承人，分别是伯克尔、欧麦尔、奥斯曼和阿里。四位哈里发在位时期被称作"四大哈里发时期"。

公元651年，阿拉伯帝国入侵萨珊王国，萨珊王国的国王耶兹格德三世逃走，萨珊王国灭亡，阿拉伯人便将萨珊标准德拉克马重量单位称为"米思考"，此时米思考的标准重量是4.15克。

公元661年，阿拉伯帝国的叙利亚总督穆阿维叶打败了帝国的哈里发阿里，自立为哈里发，建立了阿拉伯帝国第一个家族世袭王朝——倭马亚王朝（公元661~750年）。倭马亚王朝制造第纳尔金币，采用的重量标准是4.24克，并将这个重量标准称为"米思考"，即恢复了亚历山大德拉克马重量标准。

米思考成为阿拉伯人对德拉克马重量单位称谓的同时，狄尔汗成为阿拉伯人对德拉克马银币的称谓，第纳尔成为阿拉伯人对德拉克马金币的称谓。

狄尔汗银币重量标准并不是根据米思考重量制度制定的，而是根据阿拉伯磅重量制度制定的。

起初，阿拉伯帝国米思考的重量是 4.15 克，狄尔汗银币的重量大约等于 0.7 米思考，即 2.92 克。1 阿拉伯磅重量为 350 克，等于 12 阿拉伯盎司。1 阿拉伯盎司重量为 29.2 克，打制 10 枚狄尔汗银币，1 枚狄尔汗银币的重量就是 2.92 克。阿拉伯人称 1/10 阿拉伯盎司打制的钱币为"德拉克马"，用古阿拉伯语说就是"狄尔汗"。

后来，阿拉伯帝国开始制造第纳尔金币，采用亚历山大德拉克马重量标准，即 4.24 克，并将这个标准称为米思考。同时，狄尔汗银币的重量被从 2.92 克调整到 2.97 克，使狄尔汗银币仍然保持了大体等于 0.7 米思考的重量标准。

叙利亚

西力克重量制度与米思考重量制度的接轨发生在叙利亚，因为倭马亚王朝将首都设在了叙利亚。

叙利亚总督穆阿维叶建立倭马亚王朝时，将首都设在大马士革（今叙利亚首都）。从此，叙利亚重量制度成为阿拉伯帝国最重要的重量制度。

叙利亚曾经属于希腊化王国塞琉古，基本重量单位是"赫拉特"，拉丁语称作"西力克"或者"克拉"。如上文所述这个重量单位源于稻子豆的重量。稻子豆在地中海地区的重量标准是 0.189 克，而在位于西亚的叙利亚地区就大了一些，重量标准为 0.212

二十一 拜占庭帝国的"西力克"与阿拉伯帝国的"米思考"

克。为什么地中海地区稻子豆的重量为0.189克，而叙利亚地区稻子豆的重量为0.212克？可能是因为不同地区生长着大小不同、重量不同的稻子豆。当然，也可能是制定标准的时间不同，0.212克的重量标准是在希腊化塞琉古王国时期制定的，0.189克的重量标准则是在罗马帝国时期制定的。另外，不同时期生长的稻子豆，其重量也存在一定的差异。

公元7世纪，阿拉伯帝国制造第纳尔金币采用20叙利亚克拉，即0.212克×20=4.24克的德拉克马重量标准，而没有采用拜占庭帝国的24西力克，即0.189克×24=4.54克的索利多重量标准。于是，在重量制度上，20西力克（克拉）等于1米思考就成为阿拉伯帝国的重量制度。从此，基督世界的西力克重量制度与伊斯兰世界的米思考重量制度实现了接轨。

阿拉伯帝国第纳尔金币制度源于萨珊王国的第纳尔金币制度，却与萨珊王国的第纳尔金币制度有着巨大的差异。萨珊王国第纳尔金币的重量标准，继承贵霜王国金币的重量标准，理论重量为1/40罗马磅，即8.175克，实际平均重量低于理论重量。所以，贵霜王国第纳尔金币初期平均重量为7.93克。公元3世纪初，萨珊王国攻占了贵霜王国的大面积领土，继承了贵霜王国的第纳尔金币制度。在萨珊王国被阿拉伯帝国奥斯曼哈里发的军队攻灭之前，其第纳尔金币的实际平均重量仍在7克以上。

倭马亚王朝第纳尔金币的法定重量为4.24克，显然没有采用萨珊王国第纳尔金币的重量标准，而是采用了公元前4世纪亚历山大制定的德拉克马重量标准，并实现了与20叙利亚克拉（西力克）等于1米思考重量制度的接轨。

二十二

沙希王朝的"吉塔尔"与马其顿王国的"德拉克马"

沙希王朝铸造的以瘤牛骑像图案为特征的银币，被后人称为"吉塔尔"，其流通地域覆盖整个中亚，流通时间长达500多年，是世界货币史上一个重要的钱币品种。吉塔尔银币的前身是马其顿王国铸造的波斯地区德拉克马银币，吉塔尔银币是古希腊德拉克马银币在亚洲长期发展、演变的产物。

二十二　沙希王朝的"吉塔尔"与马其顿王国的"德拉克马"

沙希王朝

沙希王朝是位于南亚次大陆西北方向的古代王朝，其统治地域主要在今天的阿富汗一带。沙希王朝的历史可以分为突厥沙希王朝和印度沙希王朝两个阶段。

突厥沙希王朝是公元665~850年统治喀布里斯坦、迦毕试、诃达罗支和犍陀罗等地的西突厥王朝，首都设在喀布尔（今阿富汗境内）。

公元6世纪中叶，突厥人自河中地区向东南扩张，占领了巴克特里亚和兴都库什等地，产生了数个独立政权，其中之一便是突厥沙希王朝。此后，阿拉伯帝国向东扩张。公元9世纪初期，突厥沙希王朝被阿拉伯帝国的阿拔斯王朝击败，被迫改信伊斯兰教，并向阿拔斯王朝纳贡。

公元850年，突厥沙希王朝的末代国王拉格图尔曼被他的一名婆罗门官员卡拉尔废黜。突厥沙希王朝原本信奉婆罗门教，卡拉尔自立为王后，不再信奉伊斯兰教，又改回信奉印度婆罗门教，由此产生了印度沙希王朝（公元850~1026年）。

沙希（SHAHI）的意思是"国王"，波斯文为"SHAH"（沙），贵霜文为"SHAO"（沙阿）。沙希王朝指的是由"沙希"作为独裁君主的国家政府。与此类似，由"苏丹"作为独裁君主的国家政府，称为"苏丹国"；由"国王"作为独裁君主的国家政府，称为

"王国"。以此类推，由"沙希"作为独裁君主的国家政府，就称为"沙希王朝"。

公元1026年，在伊斯兰加兹尼王朝的打击下，印度沙希王朝走向衰败，末代国王毗摩去世，印度沙希王朝灭亡。虽然印度沙希王朝灭亡了，但它的银币继续流通，并成为世界货币史上一个重要的品种，被后世称为"吉塔尔"（JITAL）。

吉塔尔币

吉塔尔是在古中亚地区流通的、刻印瘤牛骑像图案的银币，一般重量为3.3克。

公元800年前后，突厥沙希王朝的主要货币是德拉克马银币，理论重量为古代马其顿王国亚历山大德拉克马重量标准4.24克。这时，突厥沙希王朝德拉克马银币上已经出现瘤牛骑像的图案，周围币文是贵霜文，银币的正面是瘤牛卧像，银币的背面是战士骑马的形象。

吉塔尔币形象

此后，这种瘤牛骑像图案的银币开始在中亚地区流通。

印度沙希王朝的统治地域主要在今天的阿富汗一带。自古以来，阿富汗就以马和马术闻名于世。印度—塞克王朝后期和印度—帕提亚王朝发行的货币都以骑像为图案。

瘤牛则是印度婆罗门教的基本象征。我们可以在婆罗门教诃利鸡罗王国（Harikela，公元630~1000年）同时代发行的古印度纹章，以及婆罗门教尼泊尔李查维王朝（Lichhavi，公元576~750

二十二 沙希王朝的"吉塔尔"与马其顿王国的"德拉克马"

年）的铜币上找到几乎相同的瘤牛卧像图案。

在印度沙希王朝，瘤牛钱币图案显然代表卡拉尔创建的印度婆罗门王朝。印度沙希王朝的瘤牛图案银币发行数量增长速度惊人，据说当时发现了储藏丰富的银矿。

突厥沙希王朝最初的瘤牛图案银币，实际平均重量为 4.3 克，被认为仍属于德拉克马银币。印度沙希王朝的瘤牛图案银币，实际平均重量为 3.3 克，属于吉塔尔银币，其理论重量采用古印度达哈拉（DHARANA）重量标准。

古印度的核心重量单位是苏瓦纳（13.705 克），可以等分为128 拉蒂，每拉蒂 0.1071 克；1 达哈拉等于 1/4 苏瓦纳或者 32 拉蒂，重量为 3.426 克。

达哈拉是一个非常重要的重量单位，这个重量的金属特别适合制造成 1 枚钱币。有人推测，达哈拉这个名词，在古印度的意思就是"称重"，与两河流域苏美尔人的名词"舍客勒"具有相同的含义。在古印度，符合达哈拉重量标准的钱币有不同的名称：卡夏帕那、坦卡（又译作"天罡"）、吉塔尔、帕古达等。

德拉克马

吉塔尔银币是古希腊德拉克马银币在亚洲地区长期演变的产物。

古波斯地区以至中亚地区使用德拉克马银币起源于马其顿王国亚历山大的入侵。公元前 4 世纪，亚历山大率领马其顿军队攻灭波斯帝国，占领了西亚的大部分地区，从而形成了希腊化塞琉古王国。亚历山大获得了波斯帝国的白银，在波斯地区实行货币改制，规定将德拉克马银币作为当地的主要货币，理论重量为4.24克。

亚历山大在西亚地区留下的希腊化塞琉古王国，使用德拉克马银币。公元前3世纪，帕提亚王朝从塞琉古王国的统治下独立出来，也使用德拉克马银币。公元3世纪，萨珊王朝取代帕提亚王朝，继续使用德拉克马银币。公元651年，阿拉伯帝国取代了萨珊王朝，在该地区继续使用德拉克马银币。从此，德拉克马银币被阿拉伯语称作"狄尔汗"（又译作"迪拉姆"），重量确定为1/10阿拉伯盎司，即2.92克。

公元9世纪初，突厥沙希王朝创建了瘤牛骑像图案的德拉克马银币，理论重量采用亚历山大德拉克马重量标准4.24克。到了印度沙希王朝，这种瘤牛骑像图案银币的重量被确定为3.3克，其数量越来越多，流通地区也越来越广泛，被后世称为"吉塔尔"。

吉塔尔银币经历了印度沙希王朝（公元850~1026年）、印度北方小王朝（公元1000~1200年）、德里土王（公元1120~1192年）、纳瓦尔土王（公元1223~1298年）、迦兹尼王朝（公元962~1186年）、赛斯坦土王（公元1164~1222年）、古尔王朝（公元1148~1215年）、花剌子模（公元1142~1231年）、德里苏丹国奴隶王朝（公元1206~1290年）等25个王朝，一直被中亚各地区所沿用。

吉塔尔的流通遍及整个中亚，流通时间长达500多年。英国钱币学家罗伯特·泰尔在《吉塔尔》一书中，将吉塔尔分为481个类型。尽管吉塔尔的流通时间久远、种类繁多，其基本特

二十二　沙希王朝的"吉塔尔"与马其顿王国的"德拉克马"

征——瘤牛骑像图案却保持一贯的风格。

吉塔尔银币源于古希腊德拉克马银币，经过继承、变革和传播的过程，成为古中亚地区广泛使用，流通长久，影响深远的钱币种类。突厥沙希王朝时期，德拉克马银币上出现瘤牛骑像图案，其理论重量仍为4.24克，因此，这种瘤牛骑像银币仍属于德拉克马。到了印度沙希王朝时期，这种瘤牛骑像银币的重量被确定为3.3克，即采用了古印度达哈拉（DHARANA）重量标准，就变革为吉塔尔银币。吉塔尔银币向整个中亚地区传播，被多个王朝采用，成为世界货币史上一个重要的钱币种类。

公元1206年以后，德里苏丹国统治印度北部地区时，吉塔尔的白银成色出现了大幅度下降。于是，人们不再愿意接受这种伪造的银币。为了恢复货币信心，德里苏丹国开始打制11克重量的高成色银币，命名为"坦卡"，取代了吉塔尔银币的流通。

二十三

德里苏丹国的"坦卡"与吕底亚王国的"斯塔特"

公元 13 世纪初期，印度沙希王朝的吉塔尔银币已经遍及整个中亚地区，并且出现了白银成色下降问题。德里苏丹国建立之后，为了增强人们对银币的信心，恢复银币最初的质量，开始打制高成色、重量为 11 克的银币，命名为"坦卡"。世界上最早的银币是吕底亚王国的斯塔特纯银币，高成色并且重量标准为 11 克。对比两者可以发现，德里苏丹国的坦卡银币与世界上最早的银币——斯塔特纯银币的成色和重量标准都是一致的。

二十三 德里苏丹国的"坦卡"与吕底亚王国的"斯塔特"

德里苏丹

德里苏丹国（Delhi Sultanates，公元1206~1526年）是突厥人和阿富汗人军事贵族统治印度伊斯兰教地区的封建国家的统称。由于先后有5个这样的王朝在德里进行统治，而这些王朝的首都始终位于德里，故统称为德里苏丹国。公元1526年，德里苏丹国被莫卧儿帝国取代。

德里苏丹国源于突厥人在阿富汗斯坦和印度北部建立的伊斯兰国家——古尔王朝（公元1148~1215年）。公元1206年，古尔王朝的苏丹穆罕默德遇刺身死，国家分裂。古尔王朝统治印度北部的总督库特布丁·艾伊拜克宣布独立，由此开启了5个王朝、32个苏丹的德里苏丹国的统治。由于库特布丁原本是突厥人的奴隶，因此他建立的王朝被称为"奴隶王朝"。

当时的印度盛行佛教和印度教。突厥人将伊斯兰教带入印度，排挤当地的宗教。在伊斯兰教的严酷打击下，奉行非暴力主张的佛教被消灭，具有灵活性的印度教通过与伊斯兰教的妥协存续下来。

公元1526年，在第一次帕尼巴特战争中，德里苏丹国第5王朝——洛迪王朝的国王伊卜拉欣·洛迪被帖木儿帝国王室后裔巴布尔打败，德里苏丹国灭亡。同年，巴布尔在德里建立了莫卧儿帝国。

德里苏丹国建立时，印度沙希王朝（公元850~1206年）开创的理论重量为3.426克吉塔尔银币的成色已经出现大幅度下降。公元1000年，印度沙希王朝与迦兹尼王朝（公元962~1186年）开战。为了支付战争费用，吉塔尔银币的含银量从67%降至25%。此后，直到德里苏丹国建立，吉塔尔银币的含银量下降到了20%左右。为了恢复人们对银币的信心，根据最早的银币的质量，德里苏丹国开始打制高成色、重量为11克的银币，命名为"坦卡"。此后，除了坦卡银币，德里苏丹国还打制了坦卡金币和坦卡铜币。

坦卡钱币

坦卡（TANKA）又译作"天罡"，这个名词有硬币的意思，梵语是"Nanaka Tanka"。在印度历史上，很多品种的钱币被称作坦卡。

公元1224年前后，德里苏丹国出现了白银成色很高、理论重量11克的坦卡银币，这种银币被大量制造，总量迅速增长。

菲罗兹沙1坦卡银币，德里苏丹国奴隶王朝于公元1235年在德里造币厂生产，重量为10.9克，银币正面币文是"以哈里发穆斯坦西尔的名义"周围是古兰经文；银币背面币文是"信仰世界最伟大的苏丹之子菲罗兹沙苏丹，胜利者之父"。

德里苏丹国是伊斯兰教国家，坦卡银币上的图案表现了伊斯兰钱币的风格。

二十三 德里苏丹国的"坦卡"与吕底亚王国的"斯塔特"

图 23-1 坦卡银币

公元1241年,蒙古大军摧毁了拉合尔造币厂,德里造币厂的作用变得更加重要,开始大量发行重量为11克的坦卡银币。同时,德里造币厂曾发行少量的坦卡金币,重量也是11克。

德里苏丹国第2王朝——卡尔吉王朝第5任君主穆巴拉克沙时期(公元1316~1320年)生产的坦卡金币,重量为11克。

图 23-2 坦卡金币

除了坦卡银币、坦卡金币,还有坦卡铜币,理论重量也是11克。

公元1329年,德里苏丹国第3王朝——图格鲁克王朝的第2任君主穆罕默德二世发行了一种减重的坦卡铜币。

穆罕默德二世1坦卡铜币,于公元1329年生产,重量为9.33克,铜币正面是波斯文"在穆罕默德·图格鲁克统治下作为坦卡流通";铜币背面是阿拉伯文"顺从苏丹即顺从至仁的真主",周围是波斯文。

图23-3 坦卡铜币

虽说坦卡有减重的现象，但我们仍然可以推断，坦卡银币、坦卡金币和坦卡铜币的理论重量都是11克。德里苏丹国制造11克重量的银币、金币和铜币，目的有两个：一是扭转吉塔尔劣币泛滥的局面，大幅度提高银币的重量和成色，增强人们对于钱币的信心；二是各种不同金属的钱币在兑换时计算方便。

据说早期坦卡的理论重量是3达哈拉，即96拉蒂。拉蒂是古印度最小的重量单位，是1颗野甘草草籽的重量，即0.1071克。96拉蒂的重量是10.28克。

根据上述观点和考证，坦卡的理论重量为10.28克，实际平均重量为11克，实际平均重量超过了理论重量。一般来说，钱币的实际平均重量总是低于其理论重量的，其间的差额便是制造成本和铸币税。因此，坦卡重量为96拉蒂的观点与金属货币的一般规律不符。

既然上述观点与金属货币的一般规律不符，我们就要寻找其他理由来解释坦卡重量标准的依据。笔者认为，德里苏丹国采用11克作为重量标准制造银币，替代成色下降的吉塔尔银币，目

二十三　德里苏丹国的"坦卡"与吕底亚王国的"斯塔特"

的在于恢复最早的银币的质量。世界上最早的银币是公元前7世纪小亚细亚半岛上的吕底亚王国生产的斯塔特纯银币。斯塔特纯银币是高成色的银币，重量标准为11克，是确立坦卡银币成色规格和重量标准的依据。

斯塔特币

吕底亚王国位于小亚细亚半岛西部（今土耳其西北部），濒临爱琴海，公元前13世纪末从曾经称霸古代世界的赫梯王国中独立出来。公元前640年，梅尔姆纳得斯王朝的第二任国王阿尔杜斯统治时期，吕底亚王国创造出西方世界最早的钱币——琥珀合金币。

琥珀合金币是使用吕底亚王国首都萨迪斯河流中的金银合金制造的，金属成分三金一银，单位"斯塔特"（STATER），重量大约为14克。

据说到了阿尔杜斯的重孙子克洛伊索斯统治时期（公元前560年至公元前546年），吕底亚王国发明了金银分离术，开始制造纯金币和纯银币。纯金币重量为8克，纯银币重量为11克，两者的名称与最早的金银合金币一样，仍旧是斯塔特。

重量为11克的斯塔特纯银币，代表1/10斯塔特纯金币的价值发挥货币职能。斯塔特纯金币的理论重量是1舍客勒，即8.33克。1/10斯塔特纯金币的理论重量是0.833克。1单位黄金的价值等于13.3单位白银的价值。所以，1枚斯塔特纯银币的重量等于11.08（0.833×13.3）克。这就是世界上最早的银币重量标准的由来。

斯塔特纯银币制度传入地中海古希腊各城邦，与当地的德拉克马重量制度相结合，生产出德拉克马银币。

公元前4世纪，亚历山大率领马其顿军队攻灭波斯帝国，占领了伊朗高原，并到达印度北部地区。亚历山大在这里实行货币改革，建立了理论重量为4.24克的德拉克马银币制度。亚历山大德拉克马银币重量标准被这个地区后世的塞琉古王朝、帕提亚王朝和萨珊王朝相继使用。

公元651年，阿拉伯帝国取代了萨珊王朝，德拉克马银币被阿拉伯语称作"狄尔汗"（又译作"迪拉姆"），其重量标准转向阿拉伯重量制度的1/10阿拉伯盎司，即2.92克。然而，亚历山大4.24克的德拉克马重量标准，仍在西亚和中亚的许多地区使用。

公元800年前后，突厥沙希王朝的主要货币仍然是德拉克马银币，理论重量采用亚历山大德拉克马重量标准4.24克。公元850年，突厥沙希王朝转为印度沙希王朝，刻印瘤牛骑像图案的德拉克马银币的重量被改革为3.3克。这个标准系采用古印度重量单位达哈拉（3.426克）减去制造成本和铸币税而得出。从此，这种银币被称为"吉塔尔"。据说，当时印度沙希王朝获得了大量的白银资源，所以制造了大量的吉塔尔银币，使其流向周边各地。于是，吉塔尔银币被中亚各地、各王朝效仿制造，成为世界货币史上一个重要的钱币种类。

二十四

萨珊王朝的"迪拉姆"与阿拉伯帝国的"狄尔汗"

公元前330年，亚历山大攻灭波斯帝国，在西亚地区建立了4.24克德拉克马银币制度。这个制度延续了1000多年，直到萨珊王朝统治西亚地区。萨珊王朝的官方语言是中古波斯语，将德拉克马称作"迪拉姆"（DIREM），继续采用亚历山大德拉克马重量标准。公元651年，阿拉伯帝国取代萨珊王朝。阿拉伯帝国的官方语言是古阿拉伯语，将德拉克马称作"狄尔汗"（DIRHAM）。然而，阿拉伯帝国制造狄尔汗银币不再采用亚历山大德拉克马重量标准，而是采用阿拉伯重量制度下的1/10阿拉伯盎司。不久，阿拉伯帝国建立了米思考重量制度，第纳尔金币采用1米思考重量标准，狄尔汗银币则采用0.7米思考重量标准。

二十四 萨珊王朝的"迪拉姆"与阿拉伯帝国的"狄尔汗"

迪拉姆币

"迪拉姆"是中古波斯语对德拉克马的称谓。

公元前550年，居鲁士大帝统一波斯，建立了波斯帝国，史称阿契美尼德王朝。公元前330年，亚历山大率领马其顿军团攻入波斯波利斯，波斯帝国灭亡。亚历山大继续向东进攻印度北部地区，并在西亚地区建立了重量标准为4.24克的德拉克马银币制度。

亚历山大去世后，他的部将塞琉古在西亚地区建立了塞琉古王朝。公元前247年，帕尔尼首领阿萨克斯取代了刚从塞琉古王朝宣布独立的帕提亚总督安德拉哥拉斯，进驻达赫以南的帕提亚地区，建立了帕提亚王朝，中国称其为安息王朝。此后，安息王朝不断扩张，形成了地域广袤的庞大帝国。

公元1~3世纪，世界有四大强国并列：东汉帝国、贵霜王朝、安息帝国和罗马帝国。

公元224年，在安息帝国衰败及其末代君王阿尔达班五世阵亡之后，一个名叫阿达希尔的波斯人通过战争建立了萨珊王朝。萨珊王朝的统治一直延续到阿拉伯帝国入侵，伊嗣俟三世于公元651年被迫逃亡。

萨珊王朝统治时期的领土包括当今伊朗、阿富汗、伊拉克、叙利亚、高加索地区、中亚西南部、土耳其部分地区、阿拉伯半岛海岸部分地区、波斯湾地区、巴基斯坦西南部，控制范围甚至延伸到印度。萨珊王朝在当时被称为"埃兰沙赫尔"，中古波斯语意指"雅利安帝国"。

萨珊王朝继承波斯文化，又称波斯第二帝国。萨珊王朝取代安息王朝成为世界强国，从而继承了安息王朝的德拉克马银币制度。萨珊王朝的货币主要是迪拉姆银币，即德拉克马银币，采用亚历山大德拉克马标准，理论重量为 4.24 克。

起初，亚历山大德拉克马重量标准被塞琉古王朝、帕提亚王朝、萨珊王朝继承。到了萨珊王朝中期，德拉克马重量标准发生了变化。萨珊王朝卑鲁兹执政时期（公元 459~484 年），德拉克马重量标准从 4.24 克下调至 4.15 克。因此，萨珊王朝的银币可以分为两种重量标准，前期采用 4.24 克重量标准，后期采用 4.15 克重量标准。当然，这两种重量标准都指的是理论重量，实际平均重量需要扣除制造成本和铸币税，低于理论重量。

古波斯语称萨珊王朝时期的银币为"迪拉姆"。但是，由于它仍然依循亚历山大德拉克马重量标准，因此我国的钱币学者仍然称其为"德拉克马"。

狄尔汗币

公元 651 年，阿拉伯帝国取代了萨珊王朝，古阿拉伯语的德拉克马"狄尔汗"也就取代了中古波斯语的德拉克马"迪拉姆"。然而，狄尔汗不再继续遵循古希腊德拉克马重量制度，而是转向新兴的阿拉伯重量制度。

阿拉伯帝国的第一个家族世袭王朝是倭马亚王朝（公元

二十四 萨珊王朝的"迪拉姆"与阿拉伯帝国的"狄尔汗"

661~750年)。倭马亚王朝的主要重量单位是阿拉伯磅,重量为350克。据说,阿拉伯磅是在罗马磅的基础上建立的,将1阿拉伯磅等分为15份,1份用作税收,剩下的就是1罗马磅。

350克÷(1-1/15)=327克

327克正是罗马磅的重量标准。

1阿拉伯磅等于12阿拉伯盎司。1阿拉伯盎司的白银制造10枚狄尔汗银币,每枚狄尔汗银币的重量是

350克÷12÷10=2.92克

古阿拉伯语称阿拉伯帝国时期的银币为"狄尔汗"。但由于它是由迪拉姆发展转化而来的,我国的钱币学者仍然称其为"迪拉姆"。

迪拉姆币与狄尔汗币的接轨

迪拉姆与狄尔汗的接轨是通过阿拉伯重量单位"米思考"实现的。

与狄尔汗一样,米思考也是古阿拉伯语对德拉克马的称谓。不同的是,狄尔汗主要用于货币单位,而米思考主要用于重量单位。阿拉伯帝国最初使用米思考重量单位时,萨珊王朝的迪拉姆银币重量已降至4.15克。阿拉伯帝国将米思考作为金币的重量标准,最初的重量为4.15克。

阿拉伯帝国不仅攻灭了萨珊王朝,而且攻占了拜占庭帝国的大面积领土。因此,在原属于拜占庭帝国的地区,阿拉伯帝国继承拜占庭帝国的传统,采用金币作为商品交换手段。但是,阿拉伯帝国没有采用拜占庭帝国索利多金币的法定重量4.54克(1/72

罗马磅），而是采用德拉克马重量标准，称其为"米思考"，最初重量为4.15克。

阿拉伯帝国制造的金币称为"第纳尔"，理论重量为1米思考，最初重量为4.15克。同时，阿拉伯帝国银币的理论重量为1/10阿拉伯盎司，重量为2.92克，大约等于0.7米思考的重量。

2.92克÷4.15克=0.7036

不久，阿拉伯帝国发生了货币改制。

公元696~698年，阿拉伯帝国倭马亚王朝的哈里发阿卜杜勒·马利克（公元685~705年在位）进行货币改制，恢复了亚历山大4.24克的德拉克马重量标准，并将其确定为1米思考以及第纳尔金币的理论重量。同时，阿拉伯帝国将狄尔汗银币的重量上调至2.97克，使其仍然保持为0.7米思考的理论重量。

2.97克÷4.24克=0.7005

倭马亚王朝规定，1枚第纳尔金币兑换15枚狄尔汗银币。于是，钱币金银比价为

（2.97克白银×15）÷4.24克黄金=10.51

1克黄金=10.51克白银

在商品金银比价为1∶13.3的传统观念下，1∶10.51的钱币金银比价显然不利于金币的制造，而使银币制造产生了较大的利益。于是，银币被大量制造，倭马亚王朝的主要货币便成为狄尔汗银币。

公元750年，阿布·阿拔斯推翻了倭马亚王朝，建立了阿拔斯王朝（公元750~1258年）。阿拔斯王朝继续制造和使用狄尔汗银币。此时，阿拉伯帝国的领土达到1340万平方千米，成为当

二十四 萨珊王朝的"迪拉姆"与阿拉伯帝国的"狄尔汗"

时世界上领土最大的国家。因此，狄尔汗银币流传地域甚广，影响深远。直到今天，阿拉伯联合酋长国的货币单位仍然是狄尔汗（又译作"迪拉姆"）。

二十五

舜的"同律度量衡"与萨尔贡的"统一度量衡"

称量货币的诞生，基于国家称量单位标准的统一。国家称量单位标准的统一，在古代世界各国，有着相当明显的同步性。例如，中国最早的称量单位标准的统一，发生在公元前23世纪；阿卡德王国最早的称量单位标准的统一，发生在公元前24世纪。两者发生的时间十分接近。

二十五　舜的"同律度量衡"与萨尔贡的"统一度量衡"

🐉 有虞氏帝舜

有虞氏帝舜的名字叫作重华，字都君，后人简称为"舜"。公元前23世纪，他接受尧帝的禅让，成为黄河流域各部落联盟的首领。然而，他并非中原人士，而属于东夷族群。

孟子曰："舜生于诸冯，迁于负夏，卒于鸣条，东夷之人也。"[①]

孟子说："舜出生在诸冯，又迁居到负夏，最后死在鸣条，属于东方蛮夷地区的人。"

据考证，公元前2277年，舜出生在今山东诸城市万家庄乡诸冯村，公元前2178年，死在鸣条，享年100岁。

舜的国号是"有虞"，所以他被称为"有虞氏帝舜"。据说，公元前2217年，舜61岁的时候，接受尧帝的禅让，成为黄河流域各部落联盟的首领。舜继位后，立刻统一度量衡称量单位标准。《汉书·律历志》讲述如下：

《虞书》曰："乃同律度量衡。"所以齐远近立民信也。自伏羲画八卦，由数起，至黄帝、尧、舜而大备。三代稽古，法度章焉。[②]

[①] 韩路：《四书五经全注全译本》《孟子·离娄下》，沈阳出版社1996年版，第412页。

[②] （东汉）班固：《汉书·律历志》，中华书局1962年版，第955页。

《虞书》说："统一律度量衡。"使远近标准一致，百姓有所凭信。自伏羲造八卦，量化标准就产生了。到了黄帝、尧、舜时，量化标准基本完善。夏商周三代继承古代，使法度得到规范。

查阅《虞书》原文：

岁二月，东巡守，至于岱宗，柴。望秩于山川，肆觐东后。协时月正日，同律度量衡。[①]

尧禅让帝位给舜的当年 2 月，舜到东方进行巡视。抵达泰山之后，舜祭祀了泰山；对于其余的山川，也按其地位的尊卑一一进行了祭祀。在这里，舜还接受了东方诸侯的朝见。而后，他根据观察天象所得的结果，确定春夏秋冬四时的月份和每月的天数，统一律度量衡。

根据上述文字，中国古代度量衡，有文字记载的首次统一，发生在尧让位给舜这年的 2 月，即公元前 2217 年 2 月。

此后，夏商周三代，邑、方国、诸侯国林立，度量衡各自为政。因此，公元前 221 年，秦始皇统一天下后，再次统一度量衡，建立了后世度量衡标准的基础。

萨尔贡国王

创立阿卡德王国的国王名字叫作萨尔贡。萨尔贡出身贫

[①] 韩路：《四书五经全注全译本》《尚书·舜典》，沈阳出版社 1996 年版，第 2058 页。

二十五　舜的"同律度量衡"与萨尔贡的"统一度量衡"

苦，是个弃婴，被一个园丁收养。萨尔贡长大成人后，成为基什城主乌尔扎巴巴的侍者。后来，他带兵打仗，是个常胜将军。

基什城位于阿卡德人与苏美尔人两大聚居地区接近的地方。

公元前24世纪初期，两河流域南部的苏美尔诸城邦展开混战，其中温马城邦的卢加尔·札吉西的军队最为强大。公元前2371年，在苏美尔各城邦混战最为激烈的时候，萨尔贡率领军队攻打卢加尔·札吉西。尽管卢加尔·札吉西拥有50个城邦的军队供其指挥，但还是挡不住萨尔贡的进攻。萨尔贡打败了卢加尔·札吉西，用套狗圈将他虏走。

公元前2369年，萨尔贡推翻了基什城主的统治，自立为王，建立了人类历史上最早的中央集权君主专制国家——阿卡德王国，并且统一了阿卡德和苏美尔地区。阿卡德王国的建立，标志着人类社会组织形态从城邦走向国家。

统一两河流域后，萨尔贡以阿卡德度量衡为基础，统一了两河流域的度量衡制度。

阿卡德王国存续近200年，此后，两河流域进入"黑暗时代"。库提人在这里烧杀抢掠，摧毁建筑，铲除文明。萨尔贡建立的度量衡制度，随之灰飞烟灭。两河流域各地城邦的度量衡标准，又回到了过去各自不同的状态。公元前2096年，乌尔第三王朝的第二任国王舒尔基武力统一了两河流域，再次统一了两河流域的度量衡。舒尔基的度量衡制度和度量衡标准，对此后的西方世界产生了深远的影响。

同律度量衡

舜统一了黄河流域的度量衡，萨尔贡统一了两河流域的度量衡，两者发生的时间相近，并且其制度标准都没有流传下来。舜和萨尔贡之后，黄河流域和两河流域都陷入了长期混乱的分裂局面。到了国家重新统一的时候，两地的度量衡才各自再度统一起来，并成为后世两地度量衡标准的基础。

不同的是，黄河流域的度量衡比两河流域的度量衡多了一个单位，这个单位叫作"律"。

根据《汉书·律历志》的讲述，度量衡皆起于"黄钟"，黄钟便是律法的核心。

《律历志》讲述两种"法"：天上的日月星辰，为人类带来自然环境，确定年月日时，被归纳为"历法"；地上的律度量衡，为人类带来社会规则，平衡着人间价值量化关系，被归纳为"律法"，或者称为"法律"。

黄钟是中国古代十二音律中的首律，相当于"do"。在中国民族管弦乐中，黄钟音律的管或弦最长。黄钟管长9寸，排列1行为90粒黍，是度量尺、寸的依据；管围9分，容积1龠，20龠为1升，是容量升、斗的依据；管内可容1200粒黍，重量12铢，即半两，是衡量斤、两的依据。

中国古代最早的全国统一流通的铜钱是半两钱，重量折合现代7.91克。阿卡德王国的称量货币单位是舍客勒，重量折合现代8.33克。

两个就是1两，1个就是半两。所以，半两是最基本的整数，

二十五　舜的"同律度量衡"与萨尔贡的"统一度量衡"

是黄钟音管可容黍米的重量，是中国古代最重要的称量单位。在两河流域的语言中，舍客勒这个词，意思就是"称重"，是两河流域最重要的称量单位。半两的重量标准与舍客勒的重量标准非常接近，两者之间的差距只有5%。这个现象，可能是个巧合，也可能在两者之间，存在着我们目前尚未得知的、某种神秘的联系。

二十六

两河流域的"弥那"与拉丁平原的"阿斯"

货币的最早形态是称量货币。称量货币诞生的基本条件是称量单位在国家范围内的统一。本章用两河流域的称量单位"弥那"（MINA）与拉丁平原的称量单位"阿斯"（AS）进行比较、观察、分析，总结其从东南向西北的传播、变革和接轨的基本脉络。

二十六　两河流域的"弥那"与拉丁平原的"阿斯"

弥那单位

"弥那"是两河流域苏美尔人创建的称量单位,最早出现在公元前24世纪的"乌鲁卡基那改革铭文"中。"乌鲁卡基那改革铭文"是目前发现的、人类最早的改革铭文,其中讲道:

如果一个人休了[他的]妻子,王就取为数五舍客勒的一项[税]款。[1]

格拉什是两河流域南部的一个苏美尔城邦。乌鲁卡基那是这个城邦的城主,他的改革发生在公元前2378年。这时,两河流域的居民已经开始使用白银称量货币,称量单位是"舍客勒"。"舍客勒"这个词在苏美尔语言里的意思是"称重"。公元前2096年,两河流域的乌尔第三王朝的第二任国王舒尔基武力统一了两河流域,并且统一了两河流域的度量衡。舒尔基的父亲乌尔纳姆国王颁布的《乌尔纳姆法典》有这样的规定:

如果打坏他人眼睛,应付半弥那白银。[2]

"弥那"在苏美尔语言里的意思是"计算",1弥那等于60舍

---

[1] 东北师范大学历史系西亚北非欧洲上古研究室:《乌鲁卡基那的"改革"》,1983年版,第45页。

[2] 石俊志:《货币的起源》,法律出版社2020年版,第191页。

客勒。舒尔基国王在两河流域统一的弥那和舍客勒称量单位，后来传到了古巴比伦王国，并且向北与赫梯王国的称量单位接轨，向东传入伊朗高原。

公元前605年至公元前562年，新巴比伦王国的国王尼布甲尼撒二世找到了一个舒尔基的两弥那石制砝码，将它复制，确定为新巴比伦王国的重量标准。公元前539年，波斯帝国的创建者居鲁士大帝消灭了新巴比伦王国，继承了新巴比伦王国的重量标准。根据出土石制砝码考证，一枚名曰"大流士宫殿"的石制砝码表明：公元前522年至公元前486年，波斯国王大流士使用的弥那标准重量折合现代500.2克。据此，我们推定，两河流域的称量单位弥那的重量标准为500克，1舍客勒的重量标准为8.33克。

阿斯单位

拉丁平原位于意大利半岛中部的台伯河流域是古罗马的发源地。公元前753年，罗慕路斯建筑罗马城，开启了古罗马的历史。

古罗马的王政时期（公元前753年至公元前509年），罗马人的称量单位是"阿斯"。此时，古希腊的殖民运动已经波及南意大利地区。经历了一定时间的磨合，阿斯称量单位与外来的古希腊雅典弥那称量单位实现了接轨。

古希腊雅典弥那重量标准折合现代437克，与古罗马的称量单位阿斯进行对接，两者的关系是4∶3。

437克÷4×3=327克

二十六 两河流域的"弥那"与拉丁平原的"阿斯"

即阿斯重量标准为327克,等于12盎司,1盎司重量为27.25克。古希腊雅典弥那则等于16盎司,1盎司重量也是27.25克。1弥那等于100德拉克马,1德拉克马重量便是4.37克,这就是雅典城邦所在的阿提卡地区的最为核心的重量标准,被后世简称为"阿提卡标准"。经历了一定时期的磨合,古希腊雅典弥那与古罗马阿斯之间4∶3的关系日趋吻合。

阿斯被使用的情况记载在古罗马文献中。古罗马历史学家提图斯·李维(公元前59年至公元17年)在《罗马自建城以来的历史》一书中讲道:

> 他从拥有十万或十万以上阿斯的人中组成八十个百人队。[1]

这里的"他"指的是古罗马王政时期的第六任国王塞尔维乌斯(公元前578年至公元前534年)。塞尔维乌斯根据公民的财产数量多寡来确定公民的军事参与权,其中财产价值是按照阿斯计量的。当时,罗马人还没有自己制造的钱币,阿斯是青铜称量货币计量单位,后人称其为"罗马磅"。

公元前449年,罗马共和国颁布了《十二铜表法》,其中有如下条文:

> 如用手或棒子打断自由人的骨头,则应缴纳罚金三百阿斯;如为奴隶,则为一百五十阿斯。[2]

---

[1] 李维:《罗马自建城以来的历史》,王焕生译,中国政法大学出版社2009年版,第49页。

[2] 江平:《十二铜表法》,法律出版社2000年版,第35页。

"弥那"与"阿斯"的关系

两河流域的"弥那"与拉丁平原的"阿斯"之间的关系是通过弥那的传播及其与间隔地区不同称量单位的接轨而建立的。

两河流域的弥那向东传入伊朗高原，被波斯人完整地接受；向北传入小亚细亚半岛，遇到当地不同的称量单位，实现了与当地称量单位的接轨。

公元前19世纪，赫梯王国在小亚细亚半岛形成。公元前1595年，赫梯王国的军队攻入两河流域，消灭了古巴比伦王国。赫梯王国占领两河流域时期，两地的称量单位便实现了接轨。

赫梯王国的称量单位标准重量与两河流域称量单位的标准重量之间的关系是2∶3。赫梯王国的称量单位弥那，标准重量为333克，等于40舍客勒，1舍客勒重量为8.33克；两河流域的称量单位弥那，标准重量为500克，等于60舍客勒，1舍客勒也是8.33克。经历了一定时期的磨合，赫梯王国弥那与两河流域弥那2∶3的关系日趋吻合。

公元前8世纪，古希腊人向小亚细亚半岛展开殖民活动，在地中海沿岸的小亚细亚地区建立了许多城邦。于是，古希腊的称量单位与赫梯王国的称量单位实现了接轨。在这里，古希腊城邦采用赫梯弥那标准，即333克，等于100德拉克马。因此，小亚细亚古希腊城邦的德拉克马重量标准为3.33克，与阿提卡德拉克马重量标准4.37克之间出现了较大的差距。

两河流域60舍客勒，即500克的弥那，传到小亚细亚半岛

二十六 两河流域的"弥那"与拉丁平原的"阿斯"

变成了40舍客勒，即333克的弥那，可以分为100个0.4舍客勒，即3.33克的德拉克马。

两河流域60舍客勒，即500克的弥那，传到雅典城邦所在的阿提卡地区，转变为437克的古希腊雅典弥那，以及4.37克的阿提卡标准的德拉克马。这是外来称量单位与本土称量单位接轨造成的结果还是另有原因？

据说，两河流域500克的弥那，在雅典城邦转变为437克的古希腊雅典弥那，与雅典第一任执政官梭伦的改革有关。

公元前600年前后，约30岁的梭伦被任命为军事指挥官，统率部队，一举夺下萨拉米斯岛。从此，梭伦走上雅典的政坛。公元前594年，梭伦出任雅典城邦的第一任执政官，开始修订法律，进行改革，史称"梭伦改革"。梭伦改革的内容很多，其中有对度量衡和借贷利率的改革，规定借贷利率为12.5%。于是，借款人借1弥那500克的白银，却只能拿到1弥那437克的白银，63克白银差额便是本金500克的12.5%的贴息。

两河流域500克的弥那称量单位，传入雅典城邦，产生了437克的古希腊雅典弥那，与拉丁平原古罗马称量单位阿斯，以4∶3的关系实现了接轨，产生了趋近于327克的阿斯重量标准。

二十七 古罗马的"银铜固定比价"与中国古代的"金铜浮动比价"

在古代各国货币体系中，不同种类货币之间的比价，既可以采用固定比价，也可以采用浮动比价。采用固定比价的典型案例是古代罗马共和国后期建立的狄纳里银币与阿斯铜币之间的固定比价制度。采用浮动比价的典型案例是中国古代的秦国、秦朝以及西汉王朝实行的半两铜钱与黄金称量货币之间的浮动比价制度。

二十七 古罗马的"银铜固定比价"与中国古代的"金铜浮动比价"

战云蔽日

公元前3世纪晚期，是全世界战云蔽日的年代、腥风血雨的年代、波澜壮阔的年代。西方地中海沿岸的罗马共和国和东方黄河流域中国的秦国、秦朝以至西汉王朝初期，持续发生着前所未有的大规模战争。

公元前218年，迦太基名将汉尼拔攻打罗马，第二次布匿战争爆发。公元前216年，罗马军队在坎尼战役中惨败。公元前215年，罗马扩军备战，加征公民税。公元前211年，罗马共和国开始制造狄纳里银币，解决阿斯铜币质量滥恶的问题。公元前204年，年仅33岁的大西庇阿率罗马军队在迦太基附近登陆，迦太基急忙召汉尼拔回军救援。公元前202年，在扎马战役中，汉尼拔率领的迦太基军队被大西庇阿的罗马军队打败，第二次布匿战争结束。

与此同时，东方的中国也进行着影响历史进程的大规模战争。公元前230至公元前221年，秦国的军队相继消灭了韩、赵、魏、楚、燕、齐六国。此后，秦王政建立了全国统一的政权——秦朝，继续对各地反抗力量进行严酷的打击。公元前209年，陈胜、吴广起义，揭开了反秦战争的大幕。

公元前208年，项羽、刘邦等拥立楚怀王熊槐的孙子熊心为王，组织军队攻打秦军。公元前207年，项羽在巨鹿大破秦军，秦军大将章邯投降。公元前206年，刘邦入关亡秦。同年，项羽入咸阳与刘邦相会，分封18个诸侯，项羽自立为西楚霸王，刘邦被封为汉王。公元前205年，刘邦率军东进，被项羽打败。公元前202年，正是大西庇阿打败汉尼拔的这一年，刘邦将项羽围困垓下，项羽突围东走，自刎于乌江。

西方的罗马和东方的中国都使用青铜作为主要的货币金属。

就在这战云蔽日的时代，为了制造更多的铜钱支持战争，西方罗马和东方中国都在大幅度减少铜钱的重量，由此造成铜钱质量滥恶，物价狂飙，政府财政困难。为了保护铜钱的购买力和货币功能，西方罗马和东方中国在货币制度，特别是在不同货币之间的法定比价方面，采用了适应各自情况的不同方法：西方罗马共和国创建了狄纳里银币制度，让狄纳里银币与阿斯铜币并行流通，两者之间制定了固定比价，以保障不断减重的铜币能够持续代表一定数量银币的价值发挥货币职能；东方中国在半两铜钱与黄金称量货币之间制定了区域性按年度定期浮动比价，以保障不断减重的铜钱能够持续代表一定数量黄金的价值发挥货币职能。

固定比价

公元前211年，西方的罗马共和国正在遭遇有史以来最惨烈的战争——第二次布匿战争。这一年，罗马共和国创建了狄纳里银币制度，同时保留了原有的阿斯铜币制度，只是将阿斯铜币的制造方式从铸造改为打制，并在狄纳里银币与阿斯铜币之间建立了固定比价。

罗马共和国让狄纳里银币与阿斯铜币并行流通。狄纳里银币

二十七 古罗马的"银铜固定比价"与中国古代的"金铜浮动比价"

与阿斯铜币之间的比价是根据过去德拉克马银币与阿斯铜币的法定比价制定的。此前，古罗马已经开始仿照希腊银币的规制制造和使用二德拉克马银币。二德拉克马银币与阿斯铜币的比价是1∶20，即1枚二德拉克马银币兑换20枚阿斯铜币。由此推论，1德拉克马银币兑换10枚阿斯铜币。根据这个比价，罗马共和国制造本国银币，采用1德拉克马的重量，制造等于10枚阿斯铜币价值的银币，称为"狄纳里"。

狄纳里（DENARIUS）这个词汇源于拉丁文"DENI"，意思是10个，指10个阿斯铜币的价值。

古罗马的核心重量单位是罗马磅，即1阿斯，标准重量为327克；古希腊德拉克马的阿提卡标准是4.37克，古罗马重量单位罗马磅与古希腊重量单位德拉克马的关系是

327克÷4.37克=74.83

即1罗马磅等于74.83德拉克马。于是，罗马共和国建立的狄纳里银币制度，规定1罗马磅白银除去2.83德拉克马的成本，打制72枚狄纳里银币。1枚狄纳里银币的重量，理论重量为4.54克，比1德拉克马的4.37克要重一些，实际平均重量等于理论重量减去制造成本和铸币税，与1德拉克马4.37克非常接近。

罗马共和国1狄纳里银币，于公元前211年至公元前210年生产，重量为4.38克，正面图案是罗马女神戴盔头像，头后有"X"（罗马数字10），意思是价值10枚阿斯铜币；背面图案是狄俄斯库里兄弟持矛骑马向右奔跑像，下方币文为"罗马"（ROME）。

图 27-1 狄纳里银币

浮动比价

公元前 211 年,在东方的中国,正值秦始皇去世的前一年,秦朝的半两铜钱与黄金称量货币的比价,采用区域性按年定期浮动的方式。

《秦律·金布律》规定:

钱十一当一布。其出入钱以当金、布,以律。[①]

11 枚铜钱折合 1 布。如果以出入钱来折合黄金或布,其折算比率应按法律的规定。

这里所说的"以律",并不是指法律规定了半两铜钱与黄金称量货币之间的固定比价,而是指法律规定了半两铜钱与黄金称量货币之间的折算方法。11 枚半两铜钱等于 1 块布币,这里没有说,多少枚半两铜钱等于 1 溢重量单位的黄金称量货币,只是说要按照法律的规定来折算。这个条文包含两层意思:①半两铜钱与黄金称量货币的比价是有法律规定的。②半两铜钱与黄金称量货币的比价并不是固定的。如果两者之间有固定比价,

---

① 睡虎地秦墓竹简整理小组:《睡虎地秦墓竹简·金布律》,文物出版社 1978 年版,第 56 页。

二十七　古罗马的"银铜固定比价"与中国古代的"金铜浮动比价"

那么就可以像半两铜钱与布币的比价一样，在这个法条中规定出来。

半两铜钱与黄金称量货币的比价究竟怎样计算？这个计算方法，我们在25年之后刘邦的妻子吕雉颁布的《汉律·二年律令》中找到了答案。

《二年律令·金布律》第1条规定：

> 有罚、赎、责（债），当入金，欲以平贾（价）入钱，及当受购、偿而毋金，及当出金、钱县官而欲以除其罚、赎、责（债），及为人除者，皆许之。各以其二千石官治所县十月金平贾（价）予钱，为除。[①]

有罚金、赎罪以及其他原因形成的对官府的负债，愿意以官方比价缴纳铜钱的，应当得到奖赏黄金；不要黄金而取铜钱，以及应当缴纳黄金、铜钱给官府，用来抵销其罚金、赎罪及其他原因形成的对官府的负债的和为他人抵销各种对官府负债的，都允许其缴纳铜钱，不必缴纳黄金。用铜钱代替黄金缴纳时的比价，应采用其所在2000石官治所县地方10月的金平价来缴纳铜钱，抵销黄金计值的债务。

西汉初期，地方官府实行郡县制。全国共有60个郡，后来增加到100多个郡。郡太守是郡的最高长官，被称为2000石，即每年的名义俸禄为2000石粮谷。因此，"二千石官治所县"指的是郡一级的行政地方。由此可见，中国古代秦汉时期黄金与铜

[①] 张家山二四七号汉墓竹简整理小组：《张家山汉墓竹简·二年律令·金布律》，文物出版社2006年版，第67页。

钱的法定比价是区域性的，按照郡级行政区划，各郡的法定比价是不同的，各自遵照当地市场价格确定。

秦朝和西汉初期的制度，以10月为岁首。秦朝和西汉初期黄金与铜钱的法定比价，便要依据各郡当地市场十月的价格来确定。《汉律·二年律令》规定，黄金折合铜钱的数量要"各以其二千石官治所县十月金平贾"支付，即各郡黄金与铜钱的法定比价不仅在各郡是不同的，各郡在每年的比价也是不同的。这个法定比价，在不同的郡，各自按照年度定期浮动。

二十八

中国唐朝的"钱荒"与欧洲中世纪的"金银荒"

钱荒的狭义概念是指经济生活中钱币的短缺,广义概念是指经济生活中货币的短缺。中国唐朝的"钱荒"是指唐德宗以后铜钱的短缺,欧洲中世纪的"金银荒"是指公元14世纪末至15世纪60年代欧洲经济生活中货币的短缺。究其原因,两者都是古代商品经济复苏过程中的产物,体现了商品经济复苏期间,金属货币总量不能及时满足商品经济增长的需求。

二十八　中国唐朝的"钱荒"与欧洲中世纪的"金银荒"

唐朝的"钱荒"

中国唐朝的"钱荒"始于唐德宗时期（公元779~805年）。唐德宗李适是唐玄宗李隆基（公元712~756年）的曾孙，为镇压藩镇割据而收集军费、实行两税法，引发了长期持续的钱荒。

公元756年，安禄山叛军攻入潼关，唐玄宗率领皇室、宦官、禁军西逃。太子李亨在灵武继位，组织军队抵抗叛军。唐王朝费尽全国之力，虽平定了安史之乱，却失去了往日的强盛。唐王朝中央政权明显衰弱，地方藩镇出现军事割据的态势。

公元779年，唐德宗继位，立刻准备军事攻打藩镇。建中元年（公元780年）正月，唐德宗继位数月后，任命杨炎为宰相，颁行两税法，征钱备战。两税法的核心内容包括：①以钱计税，代替过去的以粮帛计税；②量出制入，代替过去的量入为出。

唐王朝初期的税收实行按丁征税，按照收取税赋的数量，安排朝廷的开支。两税法量出制入，即按照需要支出的数量，向百姓征收铜钱。打仗需要很多钱，两税法实行当年征收税赋的数量，比过去历年高出数十倍。于是，杨炎将天下铜钱一扫而空，立刻引发了"钱荒"。

铜钱短缺，粮帛价格暴跌，生产和交换都出现亏损，农商俱废。百姓卖儿鬻女，仍得不到足够的铜钱用来缴纳税赋。于是，有钱人藏储铜钱，或放高利贷，盘剥百姓。铜钱越来越少，百姓无法正常生活，只好自卖为奴婢，或成为盗贼。

公元781年，唐王朝与藩镇的战争爆发。唐王朝的军事形势、经济形势皆为不利。于是，唐德宗赐死杨炎。但是，赐死杨炎并没有解决唐王朝面临的严重问题，不久之后，杨炎收上来的钱被使用殆尽。朝廷收不上来钱，无力支付军饷，导致泾原兵变，唐德宗出逃奉天，下"罪己诏"，战争告一段落。

战争虽已停止，"钱荒"却一直持续，并且经久不衰。分析其原因，杨炎实行两税法，只是引发"钱荒"的导火线。唐朝的"钱荒"，还有经济长期发展过程中的原因。

（1）魏晋南北朝的自然经济，已经逐步转向商品经济，铜钱总量不能满足商品经济大幅度增长的需求。

（2）铜器需求上升造成铜材供应不足。朝廷垄断铜材的生产和交换，造成铜材价格扭曲，制造铜钱成为亏损的事情，进而使铜钱供给更加短缺。

欧洲中世纪的"金银荒"

欧洲中世纪（公元5~15世纪）晚期，公元14世纪末至15世纪60年代，爆发了"金银荒"，金币、银币金属数量货币和黄金、白银金属称量货币都出现了严重的短缺。

欧洲中世纪晚期，自然经济转向商品经济。欧洲商品经济的复苏，对金属货币流通总量提出了更多的需求，从而产生了金属货币短缺的问题。

金属货币的短缺，造成商品价格下跌，钱贵物贱，商品生产和商品交换都受到了不利影响。百姓为了避免商品价格下跌造成

二十八 中国唐朝的"钱荒"与欧洲中世纪的"金银荒"

的损失，纷纷储藏金银货币，使市场上的金银货币更加短缺。

百姓不仅储藏金银货币，还储藏金银器皿。因此，使用金银器皿成为社会时尚。百姓使用金银打制盘子，既可以长期储藏金银，又可以日常生活使用、炫耀富贵。于是，金银被用于制造器皿，制造金币和银币的金银更加缺乏。

物价下跌削弱了商品生产和商品交换的盈利能力，货币借贷风险加大、借贷需求锐减，借贷规模萎缩；反过来，货币借贷规模的萎缩，降低了货币周转次数，从而进一步加重了货币的短缺。

从价格理论来看，短缺引起了价格上涨。金币和银币的短缺，会引起造币利益以及冶炼金属利益的上升。出于逐利的冲动，朝廷或者百姓应该冶金造币，对冲金币和银币的短缺问题。然而，实际情况并非如此。金银短缺的背后，还存在矿产资源稀缺、金银器皿价格上涨等因素。由于金银器皿的需求上升，引发其价格上升。金银器皿价格的上升，使制造金银器皿的利益远远高于制造金币或者银币。于是，造币厂出现亏损。随着金银荒的日益严重，到了15世纪40年代，欧洲各地的造币厂纷纷关闭。

英国货币史学家彼得.斯巴福德在《中世纪欧洲货币史》一书中描绘了欧洲钱荒的大体情形：

不仅西北欧的造币场被迫关闭，在奥地利，尽管维也纳位于旧时从波西米亚到威尼斯的白银路线上，但那里根本就没有金银……

事情变得越来越糟。在15世纪40年代，各地的造币厂相继关闭了，在整个15世纪50年代，甚至60年代，各地造币厂一般都保持着关闭状态。银币再也看不到了。在这种情况下，如果一个人有任何现金，他就会把它攥在手里，而不是花掉。货币的流通速度严重下降，这对国际贸易和日常生活都造成了巨大的损害。

造币的成本

欧洲中世纪晚期"金银荒"引发的各种问题，如造币成本大于被造金属货币价值的问题，在中国古代也出现，发生的时间比欧洲要早大约600年。

公元3世纪，中国东汉帝国灭亡，出现坞堡经济，商品经济转为自然经济，货币经济衰败；公元5世纪，西罗马帝国灭亡，出现庄园经济，商品经济转为自然经济，货币经济衰败。

公元8世纪，中国古代商品经济复苏，随即出现了"钱荒"；公元14世纪末，欧洲古代商品经济复苏，随即出现"金银荒"。中西两方的经济发展，虽然并不完全同步，但其过程十分相似，产生的问题也大体相同。

欧洲中世纪晚期，金币和银币短缺，百姓为储藏金银货币而大量制造金银盘子，造成金银币材金属价格昂贵，制造金币和银币亏损。中国唐朝"钱荒"时期也发生了相同的事情。

两税法实行之前，唐朝已经发生了铜钱短缺的问题。百姓制造铜器，使朝廷制造铜钱缺乏铜材。于是，公元772年，唐德宗的父亲唐代宗诏令天下，禁铸铜器。

大历七年，禁天下铸铜器。

二十八　中国唐朝的"钱荒"与欧洲中世纪的"金银荒"

公元780年，唐德宗实行两税法。此时，制造铜钱尚有微利，1000枚铜钱的制造成本为900枚铜钱。实行两税法后，"钱荒"爆发，制造铜钱的成本超过铜钱产品的价值，而制造铜器可以获得暴利。唐德宗贞元九年（公元793年），盐铁使张滂奏曰：

> 钱一千为铜六斤，造为器物，则斤直六百余。有利既厚，销铸逐多，江淮之间，钱实减耗。

每1000枚铜钱含铜6斤，而制造铜器，则每斤价值600多枚铜钱。制造铜器有这样丰厚的利润，销毁铜钱铸造铜器的人就多起来，江淮地区的钱币确实在减少。

销毁1000枚铜钱，可以铸造6斤铜器，每斤铜器价值600多枚铜钱，6斤铜器就可以售价3600枚铜钱，净赚2600枚铜钱。在这样巨大利益的诱惑下，百姓毁钱铸器，使铜钱流通总量日益减少。面对如此严重的问题，唐德宗下令限制铜器价格。《旧唐书·食货志》记载：

> 十年，诏天下铸铜器，每器一斤，其直不得过百六十，销钱者以盗铸论。然而民间钱益少，缯帛价轻，州县禁钱不出境，商贾皆绝。

贞元十年（公元794年），唐德宗命令全国允许铸造铜器，每器限重1斤，价格不得超过160枚铜钱，销毁钱币者以盗铸论处。但是，民间的铜钱仍然继续减少。缯帛价格很低，各州县都禁止挟带铜钱出境，于是商人绝迹。

制造铜钱亏损，朝廷就无法制造铜钱；制造铜器被限制价格，百姓就无法制造铜器。于是，采矿冶铜没有用途，造成了矿业的萧条。公元793年，唐德宗诏令百姓自由采矿。

> 天下有铜山，任人采取，其铜官买，除造镜外，不得铸造。

全国有铜矿的地方，任凭百姓开采，采炼的铜材，统一由官府收购。除了允许百姓铸造铜镜，不许铸造其他种类的铜器。

采矿冶铜无利可图，尽管朝廷开放采矿禁令，百姓并不去开采，铜矿继续萧条。因此，铜钱短缺的情形长期持续，直到北宋时期（公元960~1127年）尚未结束。北宋王朝大量制造铜钱，仍然不敷使用。于是，纸币交子诞生，在一定程度上弥补了铜钱总量的不足。

二十九

佛罗伦萨的"弗罗林"与威尼斯的"杜卡特"

欧洲中世纪（公元5~15世纪）晚期，长期的自然经济开始转向商品经济，货币需求明显上升，单一狄纳里银币制度已经不能满足商品经济复苏的需要，特别是拜占庭帝国金币制度的衰败，需要有新的金币制度来填补欧洲各王国之间国际经济交往的支付需求，于是，在意大利半岛中部城市佛罗伦萨和东北部港口城市威尼斯，先后出现了弗罗林（FLOS）金币和杜卡特（DUCAT）金币。佛罗伦萨的弗罗林金币率先成为欧洲广泛流通的国际货币，被许多王国所仿造。数十年后，威尼斯开始发行杜卡特金币。经历了100多年的竞争，杜卡特金币终于替代弗罗林金币成为欧洲最主要的国际货币。

二十九 佛罗伦萨的"弗罗林"与威尼斯的"杜卡特"

弗罗林金币

欧洲中世纪中期（公元8~13世纪）是狄纳里（便士）银币单一货币流通时代。公元13世纪，欧洲商品经济逐步复苏，货币从单一转向多元，从萧条走向繁盛。为了满足商品经济发展对大额货币的需求，出现了大额银币格罗索和一系列不同品种的金币。

大额银币格罗索和各种金币的出现，主要是为了欧洲各王国之间的支付，而非百姓的日常生活支付。百姓的日常生活支付，仍然主要使用劣质的狄纳里银币。在此期间，较早出现的、在国际间形成广泛流通并被多国仿制的金币，是出自佛罗伦萨的弗罗林金币。

公元1252年，佛罗伦萨开始生产弗罗林金币。弗罗林金币使用纯金制造，正面图案是佛罗伦萨的百合花，背面图案是圣拉迪斯劳斯的立像，理论重量为3.5克，法定价值240枚狄纳里银币。

此时，狄纳里银币的成色极低。因此，弗罗林诞生后，迅速在国际间替代了大量劣质狄纳里银币的交易，并且被许多王国所仿造。

除了商品经济发展、银币成色下降的原因，弗罗林金币的出现，还有以下两个重要的原因：

(1) 拜占庭帝国金币的衰败。公元4世纪，罗马帝国奥古斯都君士坦丁创建了索利多金币制度。在此后的大约700年里，拜占庭帝国的索利多金币在国际间发挥了十分重要的作用。公元11世纪，拜占庭帝国的金币开始衰败。公元13世纪初，威尼斯人借助十字军第4次东征的机会攻陷君士坦丁堡。从此，拜占庭帝国金币失去国际货币地位。于是，意大利北部城市纷纷开始发行金币，以填补国际货币体系中出现的空白。

(2) 黄金供应的增加。自古以来，意大利并非盛产黄金之地。公元13世纪之前，意大利的黄金主要来自西非，从西西里岛和意大利南部进入意大利中北部。公元13世纪中叶以来，情况发生变化，来自匈牙利克雷姆尼察附近金矿生产的黄金越来越多。公元1252年，佛罗伦萨开始生产弗罗林金币之后，黄金价格在意大利半岛大幅上涨，更加吸引黄金流入意大利半岛。

公元14世纪，欧洲大约有150个国家和地区制造并发行了仿造的弗罗林金币，其中最重要的是匈牙利福林，因为匈牙利王国是欧洲黄金的重要产地。在德国、低地国家、法国和阿拉贡地区，有100多个统治者、州和城市发行了仿造的弗罗林金币。这些弗罗林金币的正面是百合花，背面是施洗者圣约翰，币文则是地名或者统治者的名字。

仿造的弗罗林金币有逐步减重的倾向。公元15世纪，这些弗罗林金币的实际平均重量下降到2.76克，公元16世纪进一步下降到2.50克左右。

佛罗伦萨的弗罗林金币的发行，自公元1252年到公元1533年，共延续了281年。

格罗索银币

欧洲中世纪前期（公元500~750年）是古罗马钱币延续和减少的时期，欧洲中世纪中期（公元750~1250年）是单一狄纳里银币流通时期，欧洲中世纪晚期（公元1250~1500年）是钱币品种多元化时期。

公元7世纪，欧洲各蛮族王国仿造拜占庭帝国的特里米斯金币成色明显下降，流通出现困难。于是，法兰克王国按照特里米斯金币的形制标准，制造成色合格的新银币。新银币采用特里米斯金币的重量和形制，理论重量为1/216罗马磅，名字采用古罗马银币的名称——狄纳里：法兰克语称其为"德涅尔"，英格兰语称其为"便士"，德意志语称其为"芬尼"，西班牙语称其为"迪内罗"。

经历了500多年的发展演化，狄纳里银币重量逐渐减少，成色逐渐降低，已经不能满足大宗贸易支付的需要。于是，一种新的大额银币品种应运而生。

公元1201年，来自阿尔卑斯山以北的十字军与威尼斯人达成交易，约定为下一年的第4次十字军东征向威尼斯人支付85000马克白银，用于预付船工和其他军械生产者的酬劳以及建造更多的船只，并为舰队提供补给和支付海员的工资。

如果使用银条，向众多人支付时需要切割称量，十分不便；如果按照当时狄纳里银币的形制制造钱币，则需要制造2.3亿枚。生产这种钱币，体小量轻，数量过多，也不划算。因此，这项交易对于大额银币的生产提出了需求。于是，在威尼斯总督恩里克·丹多洛的策划下,一种新的银币品种出现了。这种新银币的名字叫"格罗索"(grossus),意思是"大而厚",理论重量为1/150罗马磅,即2.18克,价值不低于24枚狄纳里旧银币。

格罗索的出现,满足了市场对大额银币的需求,立刻被欧洲各王国效仿。"格罗索"这个词是拉丁文,法语称作"格罗什"(gros),德语称作"格罗申"(grochen),意大利语称作"格罗西"(grossi)。各王国的格罗索银币,在重量和价值方面,逐渐出现了各自不同的变化。

欧洲中世纪晚期,商品经济的复苏对于大额货币提出了越来越多的需求。于是,随着大额银币的出现,又出现了金币。

如上所述,公元1252年,佛罗伦萨生产了弗罗林金币,价值10枚格罗索或者240枚狄纳里。几十年后,威尼斯也生产了金币,称作"杜卡特"。

杜卡特金币

威尼斯共和国始建于公元687年,是东罗马帝国的附属国,公元9世纪获得自治权。威尼斯共和国的首脑称"总督",经选举产生,终身任职。威尼斯共和国初期,公爵拥有独裁的权力,后来被共和体制所削弱。威尼斯有自己的海军,在1204年的第4次十字军东征中对洗劫君士坦丁堡起到了决定性的作用。公元1797年,在拿破仑的军事打击下,威尼斯共和国灭亡。

公元1201年,威尼斯开始生产格罗索银币,引起了欧洲各王国的仿造。

公元1252年,佛罗伦萨开始生产弗罗林金币,同样引起了

二十九 佛罗伦萨的"弗罗林"与威尼斯的"杜卡特"

欧洲各王国的仿造。不久，佛罗伦萨的弗罗林金币取得了令世人瞩目的成功，成为欧洲最主要的国际货币。

在佛罗伦萨发行弗罗林金币时，威尼斯的格罗索银币成色已经开始下降。威尼斯在制造低成色格罗索银币中获得暴利。因此，威尼斯并没有与佛罗伦萨竞争制造金币，而是继续制造格罗索银币。

但是，由于格罗索银币成色不断下降，威尼斯格罗索银币的流通出现了困难。比较威尼斯成色下降的格罗索银币，塞尔维亚制造的格罗索银币成色更低，获利更大，而且具有更强的市场占有力。由于劣币驱逐良币，塞尔维亚的格罗索银币逐步抢占了威尼斯格罗索银币的市场，使威尼斯格罗索银币难于进入市场。同时，塞尔维亚制造格罗索银币的利润更大，国际市场上的白银涌入塞尔维亚，从而使威尼斯难以获得制造格罗索银币的白银。于是，威尼斯共和国为了捍卫自己的货币霸权，维护其国际货币地位，决定制造高质量的金币。

公元1284年，佛罗伦萨发行弗罗林金币的32年之后，威尼斯共和国大议会下令发行杜卡特金币。杜卡特的意思是"公爵的钱币"，1马克黄金法定制造67枚杜卡特，1杜卡特的理论重量为3.545克，价值18枚格罗索。

威尼斯共和国制造的杜卡特金币含金量比佛罗伦萨制造的弗罗林金币更高，重量为3.545克，超过了弗罗林金币的3.5克；其纯度为99.47%，超过了弗罗林金币的98.6%。随着弗罗林金币质量的逐步下降，欧洲各王国纷纷按照杜卡特金币标准生产自己的金币。于是，杜卡特金币作为贸易货币，逐步获得了广泛的国际认可。15世纪，杜卡特金币替代弗罗林金币，成为地中海乃至整个欧洲贸易最主要的货币。

杜卡特金币的发行，自公元1285年投入生产至公元1797年威尼斯共和国灭亡，共延续了512年。

三十

法国的"埃居金币"与德国的"古尔登金币"

欧洲中世纪晚期，意大利半岛率先出现了金币的复兴。随着意大利金币制度的传播，法国和德国从仿造意大利金币，发展到各自制造具有本国特色的金币，从而促进了欧洲大部分地区商品经济的发展。法国的埃居金币和德国的古尔登金币，原本是仿照意大利弗罗林金币形制而制造的，但没有成为被广泛接受的国际货币。数百年作为欧洲国际货币使用的金币，是威尼斯创建的杜卡特金币。

三十 法国的"埃居金币"与德国的"古尔登金币"

金币复兴

欧洲中世纪晚期商品经济的复苏,带动了欧洲金币的复兴。欧洲中世纪最早金币的大量制造和广泛流通,发生在意大利。

公元1252年,意大利半岛中部城市佛罗伦萨开始生产弗罗林金币(FLORIN)。弗罗林金币使用纯金制造,正面图案是佛罗伦萨的百合花,背面图案是圣拉迪斯劳斯的立像,理论重量为3.5克,法定价值10枚格罗索银币,或者240枚狄纳里银币。

此时,狄纳里银币的成色极低,大家都不愿意接受。因此,弗罗林诞生后,迅速在国际间替代了大量劣质狄纳里银币的交易,并且被许多王国仿造。

公元14世纪,欧洲有许多国家和地区发行了仿造意大利的弗罗林金币,其中仿造数量最多的是匈牙利弗罗林(福林),其原因在于匈牙利王国是欧洲黄金的重要产地,有着制造金币的便利。在德国、荷兰、比利时、卢森堡、法国和阿拉贡地区,有100多个统治者、州和城市发行了仿造意大利的弗罗林金币。这些弗罗林金币的正面图案是百合花,背面图案是施洗者圣约翰,币文则是发行地区的地名或者统治者的名字。

除了佛罗伦萨制造弗罗林金币,意大利东北部港口城市威尼斯也制造金币,其名为"杜卡特",理论重量为3.545克。

公元1285年,威尼斯开始制造杜卡特金币,1马克黄金法定制造 67 枚杜卡特，价值 18 枚格罗索银币，正面图案是威尼斯总督跪在威尼斯守护神圣马可面前，圣马可手持福音书，向总督授予圣旗；背面图案是基督站在一圈椭圆形波点纹内。

杜卡特金币的特点是长期稳定不变，包括黄金含量以及形制图案设计。由于杜卡特金币形制长期稳定不变，人们大多愿意使用这种金币。同时，弗罗林金币的质量逐步下降，因此欧洲各王国纷纷转向按照杜卡特金币标准生产自己的金币。于是，杜卡特金币作为贸易货币，逐步获得了广泛的国际认可。公元 15 世纪，杜卡特金币替代弗罗林金币，成为地中海乃至整个欧洲贸易中最主要的货币。

法国金币

公元 13 世纪，欧洲金币复兴，法国发行了仿造意大利的弗罗林金币和杜卡特金币，同时又制造和发行了具有法国特色的金币埃居和金币法郎。

公元 9 世纪，根据《凡尔登条约》，法兰克王国被一分为三：西法兰克王国（法国）、东法兰克王国（德国）和中法兰克王国（意大利）。

公元 1266 年，法国国王圣路易下令制造本国的金币和银币，金币称为"埃居"（ECU），银币称为"格罗什"（GROS）。

埃居金币比弗罗林金币大一些，理论重量为 4.53 克，之后逐步减重，甚至转变为银币。"埃居"这个词是"盾牌"的意思。埃居被称为"盾牌"，原因是币图上有盾牌的形象。

法国仿制弗罗林金币的价值等于 10 格罗什银币。因此，埃

三十 法国的"埃居金币"与德国的"古尔登金币"

居金币的价值也等于10格罗什银币。此时，1格罗什银币的价值等于1图尔苏(sou)。故而，埃居金币的价值就等于10图尔苏。

图尔是法国中部的一座城市。"苏"这个词源于罗马帝国的索利多，本来是金币的名称。西罗马帝国灭亡之后，欧洲蛮族诸王国继续使用索利多金币。随着自然经济的兴起，货币经济逐步衰败，欧洲不再使用金币。公元13世纪，法国的苏被用于表示24枚狄纳里银币的价值，或者是格罗什银币的价值。此时，苏在各地的价值不同，这里讲的图尔苏，是指在图尔城制造的或者是按照图尔城制度标准制造的"苏"。

埃居金币含金量明显大于弗罗林金币含金量，两者的价值都等于10格罗什，显然存在问题。可以看到的解决方式是，在此后的年代里，埃居的法定价值逐步攀升。到了公元1337年，英法百年战争爆发时,埃居的法定价值已经从10苏涨到了20~25苏。同时，尽管法定价值上升，但埃居金币的含金量仍出现了逐步下降的趋势。

除了制造埃居金币，法国还制造了法郎金币。

公元1337年，英法百年战争爆发，英国在欧洲大陆的领土远远大于法国的领土。因此，法国在战争中处于劣势。公元1356年，法国国王约翰二世（公元1350~1364年在位）被英军俘虏，英国向法国索要300万埃居金币的赎金。公元1360年，支付赎金获释后的约翰二世签署命令制造纯金3.87克的金币用来纪念这一历史事件。金币正面的图案是约翰二世在战马上身披铠甲、手执利剑，意为国王获得自由，返回法国。金币的名称是

237

"FRANC"（自由），中文的音译就是"法郎"。

如上所述，欧洲西部不仅有法国领土，还有英国领土。英国在这里也发行了金币。

公元11世纪中叶，位于法国的诺曼底王国武力征服英国，建立了诺曼王朝（公元1066~1154）。公元12世纪，英国王位由位于法国的安茹伯爵继任，诺曼王朝便转为安茹王朝，又称"金雀花王朝"（公元1154~1399年），统治地区横跨英、法两国。安茹王朝的统治地区包括诺曼王朝的领地和安茹伯爵的领地。

爱德华三世（公元1327~1377年在位）是安茹王朝晚期的国王，他在欧洲大陆原西法兰克王国统治的领土已经远远超过法国残存的领土。公元1337年，爱德华三世正式自称法国国王，对法国残存的领土发动了英法战争。

公元1344年，爱德华三世开始发行诺波尔（NOBLE）金币。诺波尔的意思是"贵族"，使用纯金制造，法定重量为8.97克，大约是埃居金币重量的两倍。可以想象，尽管在英法百年战争期间，英国制造金币仍然考虑与法国金币的接轨，诺波尔金币的含金量是埃居金币的两倍，目的是兑换简便。

德国金币

当欧洲西部的法国和英国都制造了具有本国特色的金币时，东部的德国也制造了具有本国特色的金币。

与法国不同，位于东法兰克王国的诸侯拥有比较强大的权力。因此，德国实行选帝侯制度，在自公元10世纪起的多个世纪里，几个实力较大的诸侯相继成为德国的选帝侯。

三十 法国的"埃居金币"与德国的"古尔登金币"

德国最著名的佛罗伦萨弗罗林仿制币是莱茵兰和吕贝克制造的古尔登金币。"古尔登"这个词的意思是"白马"。

莱茵兰旧称"莱茵河左岸地带",位于今德国莱茵河中游。贝吕克位于今德国北部。

公元1356年,神圣罗马帝国皇帝查理四世颁布《金玺诏书》,赐予神圣罗马帝国7位选帝侯自由制造金币的权力。随后,更多的诸侯和城市被赐予制造金币的权力。查理四世规定,德国各地制造的古尔登金币,其黄金含量不得高于佛罗伦萨弗罗林的黄金含量,其法定价值也不得高于弗罗林的法定价值。

德国最早的古尔登金币是在莱茵兰仿照弗罗林金币制造的莱茵金币。莱茵金币被称为莱茵古尔登(德语:Rheinischer Gulden。拉丁语:Florenus Rheni)。莱茵古尔登的含金量与弗罗林基本相同,由纯金制造,理论重量为3.5克。

然而,无论是在纯度方面还是在重量方面,莱茵古尔登金币都呈逐渐下降的趋势。最初,莱茵古尔登的价值与弗罗林价值相等。但随着莱茵古尔登金币纯度和重量的下降,两者价值出现差异。

与法国的埃居金币一样,尽管都是仿照意大利金币制造的,德国的古尔登金币也没有成为被广泛接受的国际货币。在欧洲,质量更稳定的金币是杜卡特金币。13~18世纪,杜卡特金币一直是国际贸易货币,它的重量和纯度长期不变。因此,几乎所有的欧洲国家都制造过杜卡特金币,用其作为国际贸易货币。

附 录

附录

附录一　阿卜杜勒·麦利克创建的
　　　　阿拉伯货币制度

阿拉伯帝国倭马亚王朝曾是世界上版图最大、军力最强的国家之一。倭马亚王朝第 5 任国王阿卜杜勒·麦利克（公元 685~705 年在位）推行阿拉伯文字、创建阿拉伯货币制度，是阿拉伯帝国的一代明君。阿卜杜勒·麦利克创建的阿拉伯货币制度，对后来许多国家的货币制度产生了深远的影响。

一、阿卜杜勒

倭马亚王朝的前身是公元 622 年伊斯兰教先知穆罕默德在麦地那建立的伊斯兰教国家政权。

公元 632 年，穆罕默德去世，随即爆发了"哈里发"继承人之争。哈里发是阿拉伯文音译，意思是代理人、继承人。穆罕默德之后，有 4 位哈里发相继成为他的继承人，史称"四大哈里发"。其中，第 3 位哈里发来自倭马亚家族，名叫奥斯曼，公元 644~656 年在位，是穆罕默德的女婿。奥斯曼让他的堂侄穆阿维叶担任军政要职。奥斯曼去世后，穆阿维叶依据军政权力与第 4 任哈里发阿里争夺天下。通过军事胜利，穆阿维叶建立了倭马亚家族的世袭王朝——倭马亚王朝。

穆阿维叶成为哈里发后，努力实现的最大事情就是让他的儿子叶齐德成为他的接班人，从而结束了阿拉伯帝国哈里发选举制度。穆阿维叶成功了。但是，他的家族世袭继承并不长久。叶齐德作了3年哈里发就去世了，叶齐德的儿子穆阿维叶二世继位仅3个月也去世了。于是，倭马亚王朝的权力转移到穆阿维叶的族叔、倭马亚家族的族长马尔万手里。马尔万是奥斯曼的堂弟，曾经作过奥斯曼的书记官。马尔万战争负伤，年老力衰，体弱多病，当上哈里发后第2年即病死。于是，公元685年，马尔万的儿子阿卜杜勒·麦利克继任哈里发。

阿卜杜勒·麦利克是穆阿维叶的族弟，比穆阿维叶年轻46岁，是个精力旺盛、颇有作为的哈里发。在他的统治下，阿拉伯帝国进入强盛时期。阿卜杜勒·麦利克镇压了各地的反叛，但他的最大功绩不是扩张领土，而是推行阿拉伯文字，并且创建了阿拉伯货币制度。

二、货币单位

阿卜杜勒·麦利克创建的货币制度，是用第纳尔（DINAR）金币替代占领拜占庭帝国部分领地的索利多（SOLIDUS）金币，用狄尔汗（DIRHEM）银币替代占领萨珊王朝领地的德拉克马（DRACHMA）银币。

公元697年，阿卜杜勒·麦利克发行了第纳尔金币，以替代在占领拜占庭帝国部分地区流通的索利多金币。

第纳尔最初是贵霜王朝的金币单位。公元2世纪初期，贵霜王朝的国王阎膏珍创建了第纳尔金币制度。第纳尔是古波斯语对拉丁词汇"狄纳里"的称谓，意思是"由10个构成"。当时贵霜王朝统治地区制造和使用四德拉克马银币。第纳尔这个词汇的意思是价值10枚四德拉克马银币。然而，第纳尔不是银币，而是金币，与罗马帝国屋大维的奥里斯金币相同，其理论重量为1/40罗马磅（8.175克），扣除成本和铸币税，初期平均重量为7.95克，后期重量逐步下降。公元3世纪初期，萨珊王朝攻占了贵霜王朝的大面积领土，继承了贵霜王朝的第纳尔金币制度。公元651年，萨珊王朝被阿拉伯帝国奥斯曼哈里发的军队攻灭，这时第纳尔金币的实际平均重量仍在7克以上。

拜占庭帝国索利多金币的理论重量是1/72罗马磅，即4.54克。

阿卜杜勒·麦利克发行的第纳尔金币没有采用萨珊王朝第纳尔金币的重量标准7克以上，也没有采用拜占庭帝国索利多金币的重量标准4.54克，而是采用自己创建的4.24克的米思考重量标准。

公元699年，阿卜杜勒·麦利克发行了狄尔汗银币，用来替代在占领萨珊王朝领地流通的德拉克马银币（迪拉姆）银币。

公元前330年，马其顿王国的国王亚历山大率领军队吞并了波斯帝国，在伊朗高原推出4.24克的德拉克马银币重量标准。此后，这个重量标准被伊朗高原的各个王朝沿用。

起初，亚历山大德拉克马重量标准被塞琉古王朝继承，进而被帕提亚王朝继承，又被萨珊王朝继承。萨珊王朝使用中古波斯语，称呼德拉克马为迪拉姆（DIREM）。萨珊王朝卑鲁兹执政时期（公元459~484年），4.24克的德拉克马（迪拉姆）重量标准被下调至4.15克。

阿卜杜勒·麦利克发行的狄尔汗银币既没有采用亚历山大4.24克的德拉克马重量标准，也没有采用卑鲁兹4.15克的德拉克马重量标准，而是采用了自己创建的2.92克的1/10阿拉伯盎司重量标准。

三、重量单位

阿拉伯帝国用于钱币的重量单位是"米思考"（mithcal）。

如果说，狄尔汗是古阿拉伯语对作为货币单位的"德拉克马"的称谓。那么，米思考就是古阿拉伯语对作为重量单位的"德拉克马"的称谓。

最初，阿拉伯帝国米思考的重量标准是萨珊王朝德拉克马重量标准——4.15克。

阿卜杜勒·麦利克创建的狄尔汗银币制度，理论重量为2.92克，即1/10阿拉伯盎司，大约等于0.7（2.92克÷4.15克）米思考。

阿拉伯磅的重量是罗马磅的15/14，其中包含1/14的税务金额，即327克（罗马磅）×15/14=350克（阿拉伯磅）。

1阿拉伯磅等于12阿拉伯盎司。1阿拉伯盎司重量29.2（350÷12）克，打制10枚狄尔汗银币，1枚狄尔汗银币的重量就是2.92克。

这就是阿卜杜勒·麦利克创建的狄尔汗银币的理论重量的由来，即1/10阿拉伯盎司大约等于0.7米思考。

阿卜杜勒·麦利克实行货币改制时，对米思考重量制度进行了重新核定，将其确定为20叙利亚克拉。阿拉伯帝国的重量制度为什么采用叙利亚重量标准？其原因是当时倭马亚王朝的首都设在叙利亚的大马士革，采用叙利亚重量制度符合当地百姓的习惯。

叙利亚曾经属于希腊化王国塞琉古，基本重量单位是"赫拉特"，拉丁语称作"西力克"，或者称作"克拉"。这个重量单位源于稻子豆的重量。稻子豆在地中海地区的重量标准是0.189克，而在位于西亚的叙利亚地区就大了一些，标准为0.212克。为什么地中海地区的稻子豆重量为0.189克，而叙利亚地区的稻子豆重量为0.212克？其中的原因可能是不同地区生长着大小不同、重量不同的稻子豆。当然，也可能是制定标准的时间不同，0.212克的重量标准是在希腊化塞琉古王朝时期制定的，而0.189克的重量标准则是在罗马帝国时期制定的。不同时期生长的稻子豆，两者之间的重量存在一定的差异。

公元7世纪，阿拉伯帝国制造第纳尔金币采用20叙利亚克拉，即0.212克×20=4.24克的米思考重量标准，而没有采用拜占庭帝国的24西力克，即0.189克×24=4.54克的索利多重量标准。

阿卜杜勒·麦利克采用4.24克的米思考重量标准制造第纳尔金币，采用2.92克的1/10阿拉伯盎司的重量标准制造狄尔汗银币，两者之间便脱离了1∶0.7的比例关系。换句话说，此时狄尔汗银币的重量已经不是0.7米思考了。

公元9世纪初期，阿拉伯帝国阿拔斯王朝再次实行货币改制，在4.24克的米思考重量制度下，重新规定狄尔汗银币的理论重量为0.7米思考，即4.24克×0.7=2.97克。

从此，阿拉伯帝国狄尔汗银币在理论重量2.97克的条件下，继续在世界范围内广泛传播，影响着世界许多国家的货币制度。

附录二　萨珊王朝的迪拉姆银币

萨珊王朝又称波斯第二帝国，建立于公元224年，灭亡于公元651年。萨珊王朝继承安息王朝的货币制度，主要货币是古希腊的德拉克马银币。萨珊王朝力图恢复波斯帝国的辉煌，使用中古波斯语称德拉克马为"迪拉姆"（direm），并使其更加接近波斯帝国的称量制度标准。

一、萨珊王朝

公元前550年，居鲁士大帝统一波斯，建立了波斯帝国，史称阿契美尼德王朝。公元前330年，亚历山大率领马其顿军团攻入波斯波利斯，波斯帝国灭亡。亚历山大撤军后，波斯地区陷入混乱，亚历山大的部将塞琉古在这里建立了塞琉古王朝。

公元前247年，帕尔尼首领阿萨克斯取代了刚从塞琉古王朝宣布独立的帕提亚总督安德拉哥拉斯，进驻达赫以南的帕提亚地区，建立了帕提亚王朝，中国称其为"安息王朝"。此后，安息王朝不断扩张，形成了地域广袤的庞大帝国。

公元224年，安息王朝的国王阿塔班努斯四世（公元216~224年在位）率领军队攻打驻扎在达腊布的地方酋长军队。阿塔班努斯四世兵败被杀，致使作为当时世界四大强国之一的安息王朝灭亡。地方酋长军队的首领阿达希尔从此名声大振，所向无敌，建立了萨珊王朝,将首都设在泰西封(今伊拉克巴格达东南32千米处)。

此后,萨珊王朝逐步取代安息王朝,成为世界强国之一,其鼎盛时期的领土包括今天的伊朗、阿富汗、伊拉克、叙利亚、高加索地区、中亚西南部、土耳其部分地区、阿拉伯半岛海岸部分地区、波斯湾地区、巴基斯坦西南部,控制范围甚至延伸到印度,因此被称为"埃兰沙赫尔",中古波斯语意指"雅利安帝国"。

400年后,萨珊王朝的强敌——阿拉伯帝国出现了。

公元622年,伊斯兰教先知穆罕默德在麦地那建立了伊斯兰教国家政权。公元632年,穆罕默德去世,随即爆发了"哈里发"继承人之争。同年,萨珊王朝的伊嗣俟三世(公元632~651年在位)继位萨珊国王。

不久,阿拉伯帝国第1任哈里发阿布·伯克尔旗下的军官哈立德·伊本·瓦利德攻陷萨珊王朝治下的美索不达米亚南部。此时,伊嗣俟三世刚刚继位,无力组织其属治下诸多封建王国的军队针对阿拉伯帝国的进攻实施有效抵抗。

公元637年,在第2任哈里发欧麦尔·伊本·哈塔卜的领导下,阿拉伯人在卡迪西亚会战中击败萨珊军队,围攻泰西封。不久,泰西封失陷,伊嗣俟三世逃往呼罗珊东部。公元651年,伊嗣俟三世被一名磨坊工人刺杀,萨珊王朝正式灭亡。

二、迪拉姆币

萨珊王朝继承古希腊货币制度,主要货币是德拉克马银币,中古波斯语称其为"迪拉姆"。

世界古国货币制度比较

公元前330年，亚历山大攻灭波斯帝国，在西亚地区建立了4.24克的德拉克马银币制度。此后，4.24克的德拉克马银币制度在这个地区延续了将近1000年：经历了希腊化塞琉古王朝（公元前305年至公元前64年）、安息王朝（公元前247年至公元224年）和萨珊王朝（公元224~651年）三个朝代。在此期间，塞琉古王朝和安息王朝使用古希腊语，称其为"德拉克马"；萨珊王朝使用中古波斯语，称其为"迪拉姆"。

亚历山大在西亚地区还制定了1:10的钱币金银比价。与1:13.3的传统商品金银比价相比较，西亚各王朝在1:10的钱币金银比价条件下，制造银币有利可图，制造金币则成为亏损的事情。因此，塞琉古王朝很少制造金币；安息王朝则只制造银币，不制造金币；萨珊王朝也将迪拉姆（德拉克马）银币作为主要的流通货币。

公元459年，卑鲁斯一世继任萨珊国王，将亚历山大4.24克的德拉克马银币重量标准下调至4.15克。卑鲁斯一世调低德拉克马重量标准，目的是恢复波斯帝国最初的重量制度。

早在公元前6世纪末，波斯帝国国王大流士统治时期，波斯帝国采用1弥那等于500克，1舍客勒等于1/60弥那，即8.33克的重量制度。

萨珊王朝力图恢复波斯帝国的传统，卑鲁斯一世采用波斯帝国的弥那重量制度，1弥那即500克白银，打制120枚迪拉姆（德拉克马）银币的制度：

4.15克×120=498克

每1枚迪拉姆的重量大约等于波斯帝国的半舍客勒：

8.33克÷2=4.17克

三、金币并行

萨珊王朝继承安息王朝的货币制度，使用古希腊德拉克马银币和查柯铜币。同时，萨珊王朝攻占了贵霜王朝的大面积领土，又继承了贵霜王朝的第纳尔金币制度，从而形成了德拉克马银币、查柯铜币和第纳尔金币三币并行的货币体系。

公元233年，萨珊王朝的国王率军攻占了贵霜王朝的大面积领土。此时，贵霜王朝的第纳尔金币流通已有100多年的历史。于是，萨珊王朝依循贵霜王朝的货币制度开始制造第纳尔金币。

我国东汉时期，东汉帝国、贵霜王朝、安息王朝和罗马帝国是当时世界上的四大强国。

根据《后汉书》记载，月氏被匈奴所灭，迁到大夏，将大夏分为休密、双靡、贵霜、肸顿、都密五部翕侯管理。100多年后，贵霜翎侯丘就却攻灭另外四部翕侯，自己成为国王，建立了贵霜王朝（公元45~300年）。从此，丘就却攻打各地邻国，贵霜王朝遂成帝国。丘就却去世后，他的孙子阎膏珍继承王位。

阎膏珍（公元105~140年在位）统治时期创建了第纳尔金币制度。该金币的名称，中文译作"第纳尔"，西文译作"DENARIUS"（狄纳里）。狄纳里是罗马共和国银币的名称，源于拉丁文"DINI"（10），意思是10枚阿斯铜币的价值。屋大维时期，狄纳里的法定重量为1/84罗马磅，即3.89克。从金属类别和重量来看，阎膏珍创建的金币第纳尔，虽然与罗马共和国狄纳里银币的名称相同，却不是按照狄纳里的标准重量打制的，而是采用了西方世界最早的金币——吕底亚王国斯塔特金币的舍客勒重量标准。

公元前7世纪，小亚细亚半岛上的吕底亚王国生产出西方世界最早的金币——斯塔特金币，理论重量为1舍客勒，即8.33克，扣除成本和铸币税，实际平均重量为8克左右。

公元前547年，波斯帝国国王居鲁士攻灭吕底亚王国，继承了吕底亚王国的重量制度和货币制度。公元前522年，波斯帝国国王大流士创建了"大流克"金币制度，大流克金币的重量标准为1舍客勒，最初重量为8.33克。

阎膏珍按照舍客勒重量标准创建了金币制度，采用古罗马银币名称"第纳尔"，意思是价值10枚二德拉克马银币，最初实际平均重量为7.93克。

与贵霜王朝的第纳尔金币相比，经历了100多年的发展，尽管萨珊王朝生产的第纳尔金币的重量略有下降，但仍保持在7.3克左右。萨珊王朝的钱币金银比价大约为1∶11.6。

4.24 克 × 2 × 10 ÷ 7.3 克 = 11.6

与塞琉古王朝和安息王朝的钱币金银比价相比，萨珊王朝的钱币金银比价略有利于金币的制造。但是，仍然没有彻底解决制造金币亏损的问题。所以，萨珊王朝的主要货币仍然是银币，而不是金币。据说，萨珊王朝制造金币的主要用途是国王给军人将士以及大臣的赏赐，而不是商品交易。

公元651年，阿拉伯帝国攻灭萨珊王朝，继续制造和使用迪拉姆银币和第纳尔金币，使用古阿拉伯语称迪拉姆为狄尔汗（dirhem）。随着阿拉伯帝国的军事扩张，迪拉姆银币制度和第纳尔金币制度被传播到世界各地。直到今天，阿拉伯联合酋长国的货币单位仍然称为"迪拉姆"，而使用第纳尔作为货币单位的国家还有阿尔及利亚、伊拉克、科威特、塞尔维亚、巴林、突尼斯、马其顿、约旦、利比亚等。

附录三　石俊志货币史著述及主编译丛书目

一、石俊志货币史著作

1.《半两钱制度研究》，中国金融出版社2009年版。

2.《五铢钱制度研究》，中国金融出版社2011年版。

3.《中国货币法制史概论》，中国金融出版社2012年版。

4.《中国货币法制史话》，中国金融出版社2014年版。

5.《中国铜钱法制史纲要》，中国金融出版社2015年版。

6.《夺富于民——中国历史上的八大聚敛之臣》，中信出版集团2017年版。

7.《中国古代货币法二十讲》，法律出版社2018年版。

8.《中国货币的起源》，法律出版社2020年版。

9.《尤利亚·克劳狄王朝货币简史》，中国金融出版社2020年版。

10.《货币的起源》，法律出版社2020年版。

11.《世界古国货币漫谈》，经济管理出版社2020年版。

12.《钱币的起源》，法律出版社2021年版。

13.《称量货币时代》，金融出版社2021年版。

14.《金属货币信用化》，经济管理出版社2022年版。

二、石俊志货币史论文

1.《秦始皇与半两钱》,载《中国金币》2013年第4期。

2.《刘邦与榆荚钱》,载《中国金币》2013年第5期。

3.《吕后和"钱律"》,载《中国金币》2013年第6期。

4.《曹操恢复五铢钱》,载《中国金币》2014年第2期。

5.《唐高祖始铸开元通宝》,载《当代金融家》2014年第4期。

6.《褚遂良与捉钱令史》,载《当代金融家》2014年第5期。

7.《唐高宗治理恶钱流通》,载《当代金融家》2014年第6期。

8.《第五琦与虚钱》,载《当代金融家》2014年第7期。

9.《杨炎与钱荒》,载《当代金融家》2014年第8期。

10.《王安石废除钱禁》,载《当代金融家》2014年第9期。

11.《蔡京铸行当十钱》,载《当代金融家》2014年第10期。

12.《唐僖宗整顿钱币保管业》,载《当代金融家》2014年第11期。

13.《宋徽宗改交子为钱引》,载《当代金融家》2014年第12期。

14.《张浚与四川钱引》,载《当代金融家》2015年第1期。

15.《忽必烈发行宝钞》,载《当代金融家》2015年第2期。

16.《脱脱与钱钞兼行》,载《当代金融家》2015年第3期。

17.《张汤与五铢钱》,载《当代金融家》2015年第4期。

18.《颜异反对发行白鹿皮币》,载《当代金融家》2015年第5期。

19.《王莽的货币改制》,载《当代金融家》2015年第6期。

20.《董卓败坏五铢钱》,载《当代金融家》2015年第7期。

21.《刘备与虚币大钱》，载《当代金融家》2015 年第 8 期。

22.《刘义恭与四铢钱》，载《当代金融家》2015 年第 9 期。

23.《中国古代八大敛臣·杨炎（上）》，载《当代金融家》2015 年第 10 期。

24.《中国古代八大敛臣·杨炎（下）》，载《当代金融家》2015 年第 11 期。

25.《中国古代八大敛臣·张汤（上）》，载《当代金融家》2015 年第 12 期。

26.《中国古代八大敛臣·张汤（下）》，载《当代金融家》2016 年第 1 期。

27.《中国古代八大敛臣·第五琦（上）》，载《当代金融家》2016 年第 2 期、第 3 期。

28.《中国古代八大敛臣·第五琦（下）》，载《当代金融家》2016 年第 4 期。

29.《中国古代八大敛臣·阿合马（上）》，载《当代金融家》2016 年第 5 期。

30.《中国古代八大敛臣·阿合马（下）》，载《当代金融家》2016 年第 6 期。

31.《中国古代八大敛臣·刘晏（上）》，载《当代金融家》2016 年第 7 期。

32.《中国古代八大敛臣·刘晏（下）》，载《当代金融家》2016 年第 8 期。

33.《中国古代八大敛臣·贾似道（上）》，载《当代金融家》2016 年第 9 期。

34.《中国古代八大敛臣·贾似道（下）》，载《当代金融家》2016年第10期。

35.《中国古代八大敛臣·蔡京（上）》，载《当代金融家》2016年第11期。

36.《中国古代八大敛臣·蔡京（下）》，载《当代金融家》2016年第12期。

37.《中国古代八大敛臣·脱脱（上）》，载《当代金融家》2017年第1期。

38.《中国古代八大敛臣·脱脱（下）》，载《当代金融家》2017年第2期。

39.《百姓市用钱，美恶杂之，勿敢异》，载《当代金融家》2017年第3期。

40.《布恶，其广袤不如式者，不行》，载《当代金融家》2017年第4期。

41.《黄金以溢名，为上币》，载《当代金融家》2017年第5期。

42.《盗铸钱与佐者，弃市》，载《当代金融家》2017年第6期。

43.《故毁销行钱以为铜、它物者，坐臧为盗》，载《当代金融家》2017年第7期。

44.《敢择不取行钱、金者，罚金四两》，载《当代金融家》2017年第8期。

45.《各以其二千石官治所县金平贾予钱》，载《当代金融家》2017年第9期。

46.《禁天下铸铜器》，载《当代金融家》2017年第10期。

47.《私贮见钱，并不得过五千贯》，载《当代金融家》2017年第 11 期。

48.《禁铜钱无出化外》，载《当代金融家》2017 年第 12 期。

49.《私有铜、鍮石等，在法自许人告》，载《当代金融家》2018 年第 1 期。

50.《贯钞兼行，无他物以相杂》，载《当代金融家》2018 年第 2 期、第 3 期。

51.《金银之属谓之宝，钱帛之属谓之货》，载《当代金融家》2018 年第 4 期。

52.《西汉赐予悉用黄金，而近代为难得之货》，载《当代金融家》2018 年第 5 期。

53.《兵丁之领钞者难于易钱市物》，载《当代金融家》2018 年第 6 期。

54.《取息过律，会赦，免》，载《当代金融家》2018 年第 7 期。

55.《百姓有责，勿敢擅强质》，载《当代金融家》2018 年第 8 期。

56.《制钱者，国朝钱也》，载《当代金融家》2018 年第 9 期。

57.《驰用银之禁》，载《当代金融家》2018 年第 10 期。

58.《思划一币制，与东西洋各国相抗衡》，载《当代金融家》2018 年第 11 期。

59.《由是钱有虚实之名》，载《当代金融家》2018 年第 12 期。

60.《罢五铢钱，使百姓以谷帛为市》，载《当代金融家》2019 年第 1 期。

61.《复置公廨本钱，以诸司令史主之》，载《当代金融家》2019 年第 2 期、第 3 期。

62.《大钱当两，以防剪凿》，载《当代金融家》2019 年第 4 期。

63.《哈斯蒙尼王朝的普鲁塔》,载《当代金融家》2019年第5期。

64.《波斯帝国的重量制度》,载《当代金融家》2019年第6期。

65.《乌尔第三王朝的白银货币》,载《当代金融家》2019年第7期。

66.《古巴比伦王国的乌得图》,载《当代金融家》2019年第8期。

67.《埃什嫩那王国的大麦货币》,载《当代金融家》2019年第9期。

68.《赫梯法典中的玻鲁舍客勒》,载《当代金融家》2019年第10期。

69.《古代亚述的黑铅货币》,载《当代金融家》2019年第11期。

70.《吕底亚王国的琥珀金币》,载《当代金融家》2019年第12期。

71.《克里特岛上的斯塔特银币》,载《当代金融家》2020年第1期。

72.《尼禄的货币改制》,载《当代金融家》2020年第2期、第3期。

73.《罗马元老院批准制造的铜币》,载《当代金融家》2020年第4期。

74.《安东尼发行的蛇篮币》,载《当代金融家》2020年第5期。

75.《帕提亚王国的希腊化钱币》,载《当代金融家》2020年第6期。

76.《塞琉古王国银币的减重》,载《当代金融家》2020年第

7 期。

77.《古希腊的德拉克马银币》，载《当代金融家》2020 年第 8 期。

78.《提比略钱币上的戳记》，载《当代金融家》2020 年第 9 期。

79.《凯撒时代的货币状况》，载《当代金融家》2020 年第 10 期。

80.《古埃及的重量单位和钱币流通》，载《当代金融家》2020 年第 11 期。

81.《古印度的重量制度和早期钱币》，载《当代金融家》2020 年第 12 期。

82.《卡拉卡拉发行的安敦尼币》，载《金融博览》2020 年第 12 期。

83.《叙拉古城邦发行的各类钱币》，载《当代金融家》2021 年第 1 期。

84.《戴克里先的货币改革》，载《金融博览》2021 年第 1 期。

85.《华夏民族最早的钱币空首布》，载《当代金融家》2021 年第 2 期。

86.《君士坦丁发行的索利多金币》，载《金融博览》2021 年第 2 期。

87.《白狄民族发明的鲜虞刀》，载《当代金融家》2021 年第 3 期。

88.《君士坦丁二世发行的合金铜币》，载《金融博览》2021 年第 3 期。

89.《南蛮楚国铸行的铜贝》，载《当代金融家》2021 年第 4 期。

90.《钱币法令与提洛同盟的瓦解》，载《金融博览》2021 年第

4期。

91.《西戎秦国创造的半两钱》，载《当代金融家》2021年第5期。

92.《克洛伊索斯的金银分离术》，载《金融博览》2021年第5期。

93.《百姓依法织造的麻布货币》，载《当代金融家》2021年第6期。

94.《牧人摩塞雇佣女奴支付的银环》，载《金融博览》2021年第6期。

95.《大禹的"石"与俾拉拉马的"帕尔希克图"》，载《当代金融家》2021年第7期。

96.《犍陀罗王国的萨塔马纳银币》，载《金融博览》2021年第7期。

97.《秦始皇的"半两"与阿育王的"卡夏帕那"》，载《当代金融家》2021年第8期。

98.《那失维的遗产养老信托文书》，载《金融博览》2021年第8期。

99.《唐朝的"开元通宝"与日本的"和同开珎"》，载《当代金融家》2021年第9期。

100.《日本德川幕府实行的货币改制——元禄改铸》，载《金融博览》2021年第9期。

101.《唐朝的"乾元重宝"与日本的"皇朝十二钱"》，载《当代金融家》2021年第10期。

102.《君士坦丁发行的西力克银币》，载《金融博览》2021年第10期。

103.《大流士的"弥那"与楚平王的"两益"》，载《当代金融家》2021 年第 11 期。

104.《吕底亚王国的法涅斯钱币》,载《金融博览》2021 年第 11 期。

105.《罗马的"安敦尼币"与中国的"大钱当两"》,载《当代金融家》2021 年第 12 期。

106.《舍客勒·斯塔特·第纳尔》,载《金融博览》2021 年第 12 期。

107.《王莽的"大泉五十"与戴克里先的"阿根图币"》,载《当代金融家》2022 年第 1 期。

108.《基辅罗斯公国的格里夫纳》,载《金融博览》2022 年第 1 期。

109.《吕底亚王国的"纯银币"于波斯帝国的"西格罗斯"》,载《当代金融家》2022 年第 2 期。

110.《古罗马的狄纳里银币》,载《金融博览》2022 年第 2 期。

111.《隋炀帝的"五铢白钱"与村上天皇的"乾元大宝"》,载《当代金融家》2022 年第 3 期。

112.《古罗马的奥里斯金币》,载《金融博览》2022 年第 3 期。

113.《古罗马的银币与拜占庭帝国的金币》,载《当代金融家》2022 年第 4 期。

114.《拜占庭帝国的索利多金币》,载《金融博览》2022 年第 4 期。

115.《中国古代的"益"与西方古代的"弥那"》,载《当代金融家》2022 年第 5 期。

116.《拜占庭帝国金币制度的演变》,载《金融博览》2022 年第 5 期。

117.《中日俄三国古代的"无铸币时代"》,载《当代金融家》

2022 年第 6 期。

118.《最早的货币和最早的法律》,载《金融博览》2022 年第 6 期。

119.《阿纳斯塔修斯的"努姆斯"与唐肃宗的"开元通宝"》,载《当代金融家》2022 年第 7 期。

120.《拜占庭帝国的米拉瑞逊银币》,载《金融博览》2022 年第 7 期。

121.《倭马亚王朝的"狄尔汗"与加洛林王朝的"便士"》,载《当代金融家》2022 年第 8 期。

122.《代表若干努姆斯价值的弗里斯铜币》,载《金融博览》2022 年第 8 期。

123.《古代的记账货币》,载《银行家》2022 年第 8 期。

124.《古罗马的"狄纳里"与贵霜王朝的"第纳尔"》,载《当代金融家》2022 年第 9 期。

125.《萨珊帝国的第纳尔金币》,载《金融博览》2022 年第 9 期。

126.《亚历山大的金银比价与君士坦丁的金银比价》,载《当代金融家》2022 年第 10 期。

127.《莫卧儿王朝的卢比银币》,载《金融博览》2022 年第 10 期。

128.《倭马亚王朝的"米思考"与马其顿王国的"德拉克马"》,载《当代金融家》2022 年第 11 期。

129.《倭马亚王朝的狄尔汗银币》,载《金融博览》2022 年第 11 期。

130.《加洛林王朝的"磅"与基辅罗斯公国的"格里夫纳"》,载《当代金融家》2022 年第 12 期。

131.《笈多王朝的第纳尔金币》,载《金融博览》2022 年第 12 期。

132.《村上天皇的"乾元大宝"与亨利八世的"泰斯通"》，载《当代金融家》2023 年第 1 期。

133.《楚庄王的"巽字铜贝"与淳仁天皇的"万年通宝"》，载《当代金融家》2023 年第 2 期。

134.《嚈哒王朝的货币》，载《金融文化》2023 年第 2 期。

135.《拜占庭帝国的"西力克"与阿拉伯帝国的"米思考"》，载《当代金融家》2023 年第 3 期。

136.《沙希王朝的"吉塔尔"与马其顿王国的"德拉克马"》，载《当代金融家》2023 年第 4 期。

137.《德里苏丹国的"坦卡"与吕底亚王国的"斯塔特"》，载《当代金融家》2023 年第 5 期。

138.《萨珊王朝的"迪拉姆"与阿拉伯帝国的"狄尔汗"》，载《当代金融家》2023 年第 6 期。

139.《舜的"同律度量衡"与萨尔贡的"统一度量衡"》，载《当代金融家》2023 年第 7 期。

140.《两河流域的"弥那"与拉丁平原的"阿斯"》，载《当代金融家》2023 年第 8 期。

141.《古罗马的"银铜固定比价"与中国古代的"金铜浮动比价"》，载《当代金融家》2023 年第 9 期。

142.《中国唐朝的"钱荒"与欧洲中世纪的"金银荒"》，载《当代金融家》2023 年第 10 期。

143.《佛罗伦萨的"弗罗林"与威尼斯的"杜卡特"》，载《当代金融家》2023 年第 11 期。

144.《法国的"埃居"与德国的"古尔登"》,载《当代金融家》2023年第12期。

三、石俊志主编《外国货币史译丛》书目

1.[英]伊恩·卡拉代斯:《古希腊货币史》,黄希韦译,法律出版社2017年版。

2.[印]P.L.笈多:《印度货币史》,石俊志译,法律出版社2018年版。

3.[斯里兰卡]P.普什巴哈特纳姆:《斯里兰卡泰米尔人货币史》,张生、付瑶译,法律出版社2018年版。

4.[英]R.A.G.卡森:《罗马帝国货币史》,田圆译,法律出版社2018年版。

5.[丹]艾瑞克·克里斯蒂安森:《罗马统治时期埃及货币史》,汤素娜译,法律出版社2018年版。

6.[英]菲利普·格里尔森:《拜占庭货币史》,武宝成译,法律出版社2018年版。

7.[英]迈克尔·H.克劳福德:《罗马共和国货币史》,张林译,法律出版社2019年版。

8.[俄]B.杜利耶夫:《俄罗斯货币史》,从凤玲译,法律出版社2019年版。

9.[美]鲁迪·马特·威廉·富勒、帕特里克·克劳森:《伊朗货币史》,武宝成译,法律出版社2019年版。

10.[英]德里克·冯·艾伦:《古凯尔特人货币史》,张玲玉译,法律出版社2020年版。

11. ［英］大卫·赛尔伍德：《帕提亚货币史》，武宝成译，法律出版社2020年版。

12. ［美］阿尔伯特·普拉迪奥：《墨西哥货币史》，康以同译，法律出版社2020年版。

13. ［韩］韩国银行：《韩国货币史》，李思萌、马达译，中国金融出版社2018年版。

14. ［英］大卫·赛尔伍德、飞利浦·惠廷、理查德·威廉姆斯：《萨珊王朝货币史》，付瑶译，中国金融出版社2019年版。

15. ［意］米歇勒·弗拉迪阿尼、弗兰克·斯宾里尼：《意大利货币史》，康以同译，中国金融出版社2019年版。

16. ［英］A.W.汉兹牧师：《希腊统治时期南意大利货币史》，黄希韦译，中国金融出版社2019年版。

17. ［以］雅可夫·梅塞尔：《古犹太货币史》，张红地译，中国金融出版社2019年版。

18. ［西］奥克塔维奥·吉尔·法雷斯：《西班牙货币史》，宋海译，中国金融出版社2019年版。

19. ［印］P.L.笈多、S.库拉什雷什塔：《贵霜王朝货币史》，张子扬译，张雪峰校，中国金融出版社2020年版。

20. ［土］瑟夫科特帕慕克：《奥斯曼帝国货币史》，张红地译，中国金融出版社2021年版。

21. ［英］约翰MF梅：《阿布德拉货币史》，康以同译，法律出版社2022年版。

22. ［日］瀧本诚一：《日本货币史》，马兰、武强译，中国金融出版社2022年版。

23.［德］斯塔·冯·瑞登：《托勒密王朝货币史》，付瑶译，中国金融出版社2022年版。

24.［英］罗伯特·泰伊：《世界古代货币与重量标准》，徐丽丽译，中国金融出版社2023年版。

四、石俊志主编《外国信托法经典译丛》书目

1.［英］劳伦斯：《遗嘱、信托与继承法的社会史》，沈朝辉译，法律出版社2017年版。

2.［英］成文法：《历史的经典与现代的典范》，葛伟军译，法律出版社2017年版。

3.［英］爱德华·哈尔巴赫：《吉尔伯特信托法》，张雪楳译，法律出版社2017年版。

4.［日］樋口范雄：《信托与信托法》，朱大明译，法律出版社2017年版。

5.［英］大卫·约翰斯顿：《罗马法中的信托法》，张淞纶译，法律出版社2017年版。

6.［英］格雷厄姆·弗戈：《衡平法与信托的原理》，葛伟军译，法律出版社2018年版。

7.［英］西蒙·加德纳：《信托法导论》，付然译，法律出版社2018年版。

8.［英］伊恩·斯特里特：《衡平法与信托法精义》，李晓龙译，法律出版社2018年版。

9.［英］查尔斯·米契尔：《推定信托与归复信托》，张淞纶译，法律出版社2018年版。

10.［日］商事信托研究会:《日本商事信托立法研究》,朱大明译,法律出版社2019年版。

11.［英］威廉·斯威林:《特殊目的信托》,季奎明译,法律出版社2019年版。

12.［英］莎拉·威尔逊:《托德与威尔逊信托法》,孙林、田磊译,法律出版社2020年版。

13.［英］菲利普·佩蒂特:《佩蒂特衡平法与信托法》,石俊志译,法律出版社2020年版。

14.［英］阿拉斯泰尔:《衡平法与信托的重大争论》,沈朝晖译,法律出版社2020年版。

15.［英］保罗·戴维斯:《衡平法、信托与商业》,葛伟军译,法律出版社2020年版。

16.［英］吉尔伯特:《加勒比国家的离岸信托》,朱宝明译,法律出版社2020年版。

17.［英］马克哈伯德约翰尼迪诺:《信托保护人》,彭晓娟译,法律出版社2021年版。

18.［加］莱昂纳尔·史密斯:《重塑信托:大陆法系中的信托法》,李文华译,法律出版社2021年版。

19.［英］里亚斯班特卡斯:《国际法体系下的信托基金》,伏军译,法律出版社2021年版。

20.［德］海因·克茨:《英美信托与德国信托的比较法研究》,白媛媛译,法律出版社2021年版。

21.［英］弗里德里克·威廉·梅特兰:《梅特兰衡平法与信托法讲义》,吴至诚译,法律出版社2022年版。

参考文献

[1] （汉）司马迁：《史记》，中华书局1959年标点本。
[2] （东汉）班固：《汉书》，中华书局1962年标点本。
[3] （唐）房玄龄：《晋书》，中华书局1974年版。
[4] （唐）魏徵等：《隋书》，中华书局1973年版。
[5] （唐）杜佑：《通典》，中华书局1988年版。
[6] （唐）李林甫等：《唐六典》，中华书局1992年版。
[7] （后晋）刘昫：《旧唐书》，中华书局1975年版。
[8] （宋）欧阳修、宋祁等：《新唐书》，中华书局1975年版。
[9] 昭明、马利清：《古代货币》，中国书店1999年版。
[10] 丘光明、邱隆、杨平：《中国科学技术史（度量衡卷）》，科学出版社2001年版。
[11] 江平：《十二铜表法》，法律出版社2000年版。
[12] 王钺：《罗斯法典译注》，兰州大学出版社1987年版。
[13] 韩路：《四书五经全注全译本》《孟子·离娄下》，沈阳出版社1996年版。
[14] 石俊志：《货币的起源》，法律出版社2020年版。
[15] 睡虎地秦墓竹简整理小组：《睡虎地秦墓竹简·金布

律》,文物出版社1978年版。

［16］张家山二四七号汉墓竹简整理小组:《张家山汉墓竹简·二年律令·金布律》,文物出版社2006年版。

［17］东北师范大学历史系西亚北非欧洲上古研究室:《乌鲁卡基那的"改革"》1983年版。

［18］李铁生:《古希腊罗马币鉴赏》,北京出版社2001年版。

［19］李铁生:《拜占庭币》,北京出版社2004年版。

［20］李铁生:《古波斯币》,北京出版社2006年版。

［21］李铁生:《古中亚币》,北京出版社2008年版。

［22］李铁生:《印度币》,北京出版社2011年版。

［23］李铁生:《古罗马币》,北京出版社2013年版。

［24］李铁生:《古希腊币》,北京出版社2013年版。

［25］［古罗马］提图斯·李维:《罗马自建城以来的历史》,王焕生译,中国政法大学出版社2009年版。

［26］［英］R. A. G. 卡森:《罗马帝国货币史》,田圆译,法律出版社2018年版。

［27］［英］罗伯特·泰尔:《世界古代货币与重量标准》,徐丽丽译,中国金融出版社2022年版。

［28］［英］凯瑟琳·伊格尔顿、乔纳森·威廉姆斯:《钱的历史》,徐剑译,全国百佳出版社2011年版。

［29］［英］约翰·F.乔恩:《货币史》,李广乾译,商务印书馆2002年版。

［30］［英］洛德埃夫伯里:《世界钱币简史》,刘森译,中国金融出版社1991年版。

［31］［德］伯纳德·克鲁格:《世界钱币》,杜涵译,中国友谊出版公司2021年版。

［32］［法］让里瓦尔:《货币史》,任婉筠、任驰译,商务印书馆2001年版。

［33］［日］泷本诚一:《日本货币史》,马兰、武强译,中国金融出版社2022年版。

［34］［日］久光重平:《日本货币史概说》,孟郁聪译,法律出版社2022年版。